叢書 現代社会のフロンティア 8

法という現象

実定法の社会学的解明

土方 透 著
Hijikata Toru

ミネルヴァ書房

「人間の法律は、生まれ、生き、死ぬ。」

(Leges humanae nascuntur, vivunt, et moriuntur.)

はしがき

本書は「法は、作られた場と使われる場が時間的・空間的に異なるにもかかわらず、この社会において、つねに妥当する」ことを根本テーゼとし、それがいかにして可能か、ということの一点について集中した議論をおこなうものである。それは、このテーゼを可能にする、普遍性、妥当性、安定性、正当性および規範性と体系性といった法の諸属性を社会的機制《メカニズム》として再定式化することによって進められ、最終的に実定法の特性に一定の解明を与えることを意図している。

法という現象——実定法の社会学的解明

目次

目　次

序章　根本テーゼ

【根本テーゼ】

「法は、作られた場と使われる場が時間的・空間的に異なるにもかかわらず、この社会において、つねに妥当する。」

われわれはこの社会において、この法のもとで生活を送っている。われわれの「社会の法」とはいかなるものなのか。そもそも、社会において法が法であるとは、どういうことか。その法をいかに記述することができるか。本書は、このような問いに答えるべく、いかなる機制《メカニズム》をもって法が法としてこの社会で機能しているか、解明しようとするものである。これは、「法が法としてこの社会で機能する」ことを社会現象として究明することを意味する。この社会現象であるところの「法の法としての機能」を、本書では、「法は、作られた場と使われる場が時間的・空間的に異なるにもかかわらず、この社会において、つねに妥当する」ことと理解し、それをもって本書を通じて議論される法の根本テーゼとしたい。まさに、法の時空を超えた妥当こそ、社会において法が法として機能することを支える、当のものと考えられるからである。

かつて日本の学界で、社会科学としての法律学、法解釈の科学という問題が活発に議論された。[1]その議論には、ある重大なアポリアが潜んでいた。すなわち、法律学は他の多くの学問とは異なって、認識（ザイン）のレベルに位置するだけではなく、その性質上、法実践（ゾルレン）に密接に関わる学問だからである。たとえば法律学（法解釈学）をして、「理論と実践との混合態」[2]とする立場は、この事態を表わしている。

法律学のかかる特殊事情は、学問的に決定的な困難をもたらした。すなわち社会科学にあって、この「ザイン」と「ゾルレン」とは、峻別されるべきものとして、その厳格な区分が求められていたからである。指摘するまでもなく、社会学者Ｍ・ヴェーバーは、かの有名な「社会科学および社会政策学における認識の客観性」（一九〇四年）と題された論文のなかで、「存在するもの（ザイン）」の認識と「存在すべきもの（ゾルレン）」の認識を原理的に分ける必要を説き、「拘束力ある規範や理想を発見して、そこから実践に対する処方箋が引き出せるという期待をかけることは経験科学の課題ではない」と言い切っている。この指摘は、同論文が『社会科学方法論』[3]との題を冠した一冊の本として日本で出版されたことからもわかるように、まさに社会科学の根本テーゼとなった。したがって、法解釈の科学性に関する議論は、こうしたザイン／ゾルレン問題をめぐり、隘路に入り込んでいった。[4]すなわち、法律学という学問の固有性を強調すればするほど、それは「科学」から遠く離れていかざ

るをえなくなったのである。(5)

　ここでは、その議論に入り込むのではなく、この困難を生じさせた、その根本を問うことにする。すなわち、「法律学が『科学』かどうか」を問うのではなく、社会で機能している法を前に、法律学が「科学」かどうかというこの問いを引き起こさせる原因を問う。つまり、この問いを惹起させる法そのもののもつ固有の特性を問うことにする。それは、とりもなおさず、さきに述べた法の時空を超えた妥当という、根本テーゼを問うことを意味する。というのは、この事態こそが、法律学の科学性への疑問を動機づけるにたる特異な現象だからである。

　逆に、この現象を法の側から見れば、法がつねに妥当するものとして社会に存するという事態は、法が法として機能するための必要不可欠な条件であり、かつまた法が法として機能することによる必然的な結果である。なぜなら、法は法として、いかなる現在においても、社会の出来事を適切に認識し、その問題性を適切に処理するもの（ザイン）であり、かつまたこのように認識・処理しなくてはならない（ゾルレン）からである。それが法である。

　法には、この根本テーゼを可能にする、普遍性、妥当性、安定性、正当性、さらに規範性、体系性などのさまざまな属性がある。以下で順次扱っていくが、本書では、それらを法の外側から、あるいは法の上位から、法の価値や内容を支えるものとして記述することはしない。別ないいかたをすれば、時空を超えた妥当という法の様態に価値指向的・規範維持的に接近することを通じて、これらを法の属性としてあきらかにしていくというアプローチはとらない。つまり、法律の理（ratio legis）を問うのではない。

本書では、法を可能にする諸形式として、それらの法の基本的諸属性がいかにしてこの社会で可能であるかを問うていく。すなわち、法が社会において機能しているということ、つまり、これらの諸属性を社会現象とし、そうした社会現象を可能にする社会的機制《メカニズム》を問うことにする。それは、法の社会学的解明であり、その解明を通じて、この根本テーゼへの接近を試みるものである。この試みは――扱う主題がいかに（法）哲学の主題と重なっていようが――、けっして（法）哲学のそれではない。むしろ、このような仕方で法の解明をもくろむことにより、伝統的な（法）哲学が備え持つさまざまな概念を脱-存在論化・脱-哲学化することが、意図されている。つまり、社会現象として法を扱うのであり、それゆえこの試みは法社会学にほかならない。より積極的にいうならば、これらの諸属性の脱-存在論化・脱-哲学化を経てはじめて、「この社会において法が法でありうる」ことを可能にする、法の側の機制《メカニズム》があきらかになってくるのである。それ以外の文脈・背景を有するいかなる説明も、結局、（社会における）法の様態を見えなくしてしまう。したがって本書は、社会における「法という現象」に即した根本テーゼの再定式化を、その目的とするものである。

第Ⅰ章　普遍性

「真の法は、『自然』と調和している正しい法である。それは普遍的に通用し、永遠不変なものである。」

（Cicero, *De Republica*, III, xxii, 33）

普遍性への問いは、元来、先験的・超越的次元に属する議論である。神の法、自然法、あるいは永遠不可侵の権利、自然権など、法を根底から支える概念、あるいは法の根幹に位置する概念は、それが普遍的であるとされる場合、その根拠・出処を超越なるものないし形而上学的なるものに持つ。あるいは、そのような理論構成をとらなくても、法について考えた場合、その普遍性はあきらかである。法はすべてを包摂しえて、はじめて法である。個別的・特殊的にのみ対応可能な法は、そもそも法ではない。しかし、ここでは、このような先験性・超越性の議論およびその延長線上に位置する議論ではなく、この社会において法が普遍的であるという現象を可能とする、その社会的機制《メカニズム》を問うことにする。

それに先立ち、まず普遍性をめぐる近年の学問状況、すなわち普遍性の議論が逢着した困難さについて、理解する必要があろう。その困難さとは、従来の、一定の原理の探求とそれによる基礎づけを目指してきた諸科学が到達した学問上の転換に起因するものである。

多くの学問分野で、なにごとかのある一定のものに定位し、それに基づいて議論を展開することの隘路が徹底して示された[1]。すなわち、それまで直証的にないしは伝統的に前提として用いられてきたさまざまな理論的枠組の虚構・仮設性があきらかになり、つねに別様の可能性が示されることとなった。この変更は、自然科学、人文科学、社会科学を網羅するかたちでそれぞれの学問内部で指摘され、かつ浸透していった。こうした指摘は、学問的態度の変更を促したにとどまらず、われわれをとりまく社会が異なった価値モチーフを発見し、異文化との出会いを通すことで、さらに補強されるに至った。すなわち、一つの特定の価値・理念を真なるものとして評価し、それに立脚した議論をすることの困難が、理論から始まり、社会文化的にも確認されたのである[2]。これらのことから、なにごとかを主張する、それぞれの立場がつねに相対化され、その相対化という制約のもとでのみ、議論が可能となった[3]。このような状況のもと、もはやかつてのように普遍性を素朴に定式化することはきわめて困難になった。

しかし、相対性や別の可能性が、いかに主張されようとも、われわれは、この社会において、なにごとかを信じ、なにごとかに依拠し、それを根拠として生活している。法は、この社会において確たるものとして存続し、規範として機能している。それは、いかにして可能なのだろうか。そこで以下、このことを可能にする機制《メカニズム》を問うていく。

1　社会の法的把握・記述

われわれは、社会において生じたもろもろの出来事を、法を用いて法的に処理する。すなわち、この社会で生じたあらゆる出来事を、法を通すことで法的コンテクストに読み換え、法的コンテクストのもとで問題を処理する。社会的出来事を法／社会-差異のもとに措き、法的なものとして抽出するのである。出来事それ自体は、あくまでも社会のなかの出来事であり、法ないし法的コンテクストの内部で生ずるものではない。その解決を法に持ち込むことによって、法的問題として扱われ、法を用いて処理される。

一方、法は法的要素から成っている。政治、経済、文化が法を構成するのではない。そのような背景があるとしても、法を構成するもの、法として確立されたものは、法以外のなにものでもない。法の背景となる社会的・文化的諸要素を法から推定することは可能であろうが、それらが法を構成する具体的かつ現実的な要素となることはない。法の構成要素として用いられるとき、その社会的・文化的内容は、法的な内容をもって書き換えられ、そのうえで法的要素として用いられることになる。法の議論のなかでは、あらゆるものが、そのものとしてではなく、あくまでも法的ななにものかとして把握される。法は、あくまでも法的要素の集合およびその組み合わせによって構成されているのである。

より一般化していえば、われわれは、社会に生じた出来事をさまざまな意味連関のもとに記述する可能性を有している。政治的、経済的、文化的他、さまざまな記述可能性があり、法は、数ある記述可能性のなかの一つである。これは、法に限らず、どれを用いても社会そのものはもちろんのこと、社会のなかに生じた出来事を総体としては把握しきれないということを示している。社会の出来事を構成する諸要素とその諸要素の連関および連関可能性のすべてを把握することはできない。われわれの学問は、それをそれぞれの学問が備え持つそれぞれの記述様式に相応した差異のもとに、社会ないしは社会的出来事を選択的に把握し、法的、政治的、経済的出来事等々として記述する。あらゆる把握・記述可能性は、差異において生じ、同時に別の差異による記述可能性のうちにおかれる。社会は、つねに別様のものとして記述することが可能なのである。この「別様にありうる可能性」のことを、以下、偶発性《コンティンゲンツ》と呼ぶ。法的把握・法的記述は、もろもろの記述可能性のうちの一つであり、社会および社会的出来事の把握・記述において、他の把握・記述可能性のなかで相対化されている。

このように、社会の出来事そのものと法的に把握され記述された出来事との間には、差異がある。逆に社会的出来事は、そのものとしてではなく、ある差異のもとにのみ把握可能だともいえる。つまり、法／社会-差異が、社会的出来事から法的出来事を際立たせているのであり、かかる差異が社会的出来事を法的出来事として把握することを可能にしているのである。(4)

2　法的把握・記述の時間次元

前述したように社会的出来事は、さまざまな意味連関による記述可能性のなかで、選択的に把握・記述される。その際、法は社会およびそこから現われ出る社会的出来事のすべてを完全に把握・記述できるわけではない。逆からいえば、社会的出来事は、法を通じて法的に意味投企され、また法的意味を付与されて法的コンテクストのなかに現われる。それら社会的出来事は、法においてそのようなやり方で把握・記述されるが、それらはその際に選択された可能性とは別の法的把握・記述可能性のもとで把握・記述されうるものとしてのみ存在しうる。前節では、このように社会的出来事が、政治的、経済的、文化的など他のものではなく法的に把握・記述されるという点で、偶発的であることを述べたが、ある法的把握・記述は、他の法的把握・記述ではなく、その法的把握・記述が選択されたということから、偶発的なものといえる。これらは空間上の偶発性《コンティンゲンツ》といえる。(5)

くわえて、把握・記述は時間上の偶発性《コンティンゲンツ》にも曝されている。一度かぎりで完結する完全な把握・記述は存在せず、そのことから、そこに時間上の偶発性《コンティンゲンツ》が成立する。すなわち、現在におけるその時点での把握・記述は、（その現在から見た）過去と（その現在から見た）未来とを見据えた（その現在から見た）把握・記述であり、おそらくその時点において完結したもの、あるいは完結したものであることが意図されている。このように、あらゆる把握・記述は、それがなされた「現在」に係留されている。その「現在」に対しては、つねに別の過去・別の未来の可能性が存する。すなわち、別の過去・別の未来の選択可能性が存在し、その可能なるもののなかから、この現在（＝「現在と過去」と「現在と未来」とのこの連関）が選択される。したがって現在を、かかる「現在」として選択すること、それがまずもっての時間上の偶発性《コンティンゲンツ》である。

さらにその「現在」をめぐって時間(軸)上の偶発性《コンティンゲンツ》が存在する。すなわち、「現在」は、けっして固定的な一時点として確定されるようなものではない。時間上を経過しゆく、つねなる現在である。その「現在」においてなされた把握・記述は、別の「現在」において、つねに別様に把握・記述する可能性に曝されている。したがってその現在の、そこにおける把握・記述は、経過する時間のなかで――別言すれば、経過する現在において――、それぞれの現在の、その過去とその未来という偶発的な関係のなかに成立する。以下、法的把握・記述を、こうした時間の観点から、すこしくわしく見てみる。[6]

（1）法的把握・記述の時間地平

「現在」における法的記述に際して、過去と未来との連関は原理的に偶発的である。(7) この両者は、個々の法的記述がなされた現在において、偶発的に結節されている。つまり〈現在にとっての過去〉および〈現在にとっての未来〉は、それぞれ別様にも記述されうるといった意味で、現在から見て偶発的な他者であり、この他者との差異関係のなかで現在は現在として位置づけられる。なぜなら、「現在」は、つねに過ぎゆく現在であり、それゆえに単独で「そのもの」として確認されることはできないからである。過去と未来とを両翼にすえた現在が、〈現在から見た過去〉と〈現在から見た未来〉を通じて、現在を反省的に「現在」として、すなわち〈現在から見た現在〉として、確認しうる。

このように個々の法的記述は、その法の、そのつどの現在においてなされる。かかる記述がなされた「現在」が、その現在にとっての未来と過去とを、その現在の視点から画定する。なぜなら法は、その現在においてなしうる最善と考えられる判断・決定をおこなおうとするからである。その現在は、過去の結果でも、未来の原因でもない。数ある可能性のなかから、ある過去が現在において過去として選択され、同様に数ある可能性のなかから、ある未来が現在において未来として選択される、そのような選択を経て、つまり、〈現在から見た過去〉・〈現在から見た未来〉の両者を現在において照らし合わせ、最善の判断・決定とされうるものが、現在においてなされるのである。過去一般および未来一般は、現在から見た選択の地平であり、そのなかの諸可能性は、それぞれが現在から見た可能な

選択肢としてのみ、したがって別様にもありうるものとしてのみ、すなわち偶発的なものとしてのみ、存在しうる。(8)

ある選択に際して、それ以外のものが選択されれば、かくかくしかじかの視点を形成したであろうという他の偶発的な諸可能性が、そのつど指し示される。その選択がなされたならば、それは、偶発的な他の諸可能性が否定されたことを意味する。この偶発的関係が、現在における選択を契機に、現在を中心に未来と過去とをめぐって展開されることは述べたとおりである。このことから、「法がこれまで妥当してきた」ことは、「法が過去に他様でもありえた諸可能性の否定」を意味する。「法がこれからも妥当する」ことは、「法が将来他様でもありうる諸可能性の否定」を意味する。同様に、現時点での法の決定は、「〈現在における現在〉を〈未来における現在〉の過去性とする他の諸可能性を否定した決定」であり、また「〈現在における現在〉を〈過去における現在〉の未来性とする他の諸可能性を否定した決定」を意味する。(9)

(2) 法の展開

以上のように時間地平は、出来事の〈現在における〉選択的な法的記述および法的決定をとおして過去および未来へと拡がるかたちで、すなわち現在から過去および未来とを構成するかたちで、理解される。こうした時間地平のなかで、たとえば学問が、誤謬の反復を回避し修正された誤謬のうえで立て直し問題解決能力を高めるべく、それ自身の展開をおこなうように、法は、問題を解決し、かつ法自身の問題解決能力を高めるべく展開する。この展開は歴史を形成する。より正確には、歴史として記述されることが可能となる。その際、出来事ないしその法的記述・決定が、事実の連鎖として歴史を構成するのではない。現在において有意味的に、過去になされた記述・決定が選択され、未来になされるであろう記述・決定が選択されることにより、現在において選択された歴史として構成されるのである。つまり、歴史は、選択を介して可能性の地平から生じる。事実や出来事が歴史を構成するのではなく、選択が歴史を構成するのである[10]。こうした理解に立ったうえで、引き続き法のこの展開における選択性から、法の「未来における効力」（機能的側面）と「現在における存続」（構造的側面）とを、見ることにする。

未来における法の効力

個々の出来事の法的な把握・記述は、選択によっておこなわれる。それは、いま述べたように、時間地平のなかで説明される。すなわち、かかる選択は「現在」において、したがって〈過去の未来としての現在〉および〈未来の過去としての現在〉において、おこなわれる。

過去に関する現在の視点は、〈「現在」から見た過去〉のなかに〈過ぎ去った現在〉を選出することで、形成される。このことからすると、歴史は過去ではない[11]。現在において選択された歴史という意味で、現在が歴史を構成する。

反対翼にある未来は、選択の地平として現在から推定されうる未来である。それは未だ到来していない未来であり、したがって未来そのものを見ることはできない。このことから〈未来における現在〉は、〈現在から見た未来〉として推定される。しかし、この現在からの未来の推定という説明だけでは、以下の事態を説明できない。すなわち、過去に起きた出来事の現在における処理は、未来に向けておこなわれる。たとえば、過去に生じた事件に対する現在における法的決定は、その決定がなされた以降において、すなわち未来に向けて、その効力を発する。一方、現在における決定は、その決定をおこなう現在の歴史的観点を用いる。現在は、〈過去の未来〉だからである。この歴史的観点は、前述したように過去と未来に対する現在の視点である。それは、過去の実際《アクチュアル》の法的判断に対する現在の視点であり、未来の想定上《バーチャル》の法的な判断に対する現在の視点である。そして、現在におけるこの法的決定を可能にする文脈《コンテクスト》は、あくまでも現在に属する文脈《コンテクスト》である。それは、未来においてなんら根拠を持つものではない。未来におけるそのつどの視点は、すなわちそれぞれの現在におけるそのつどの視点は、文脈依存的《コンテクスチュアル》に更新されうるからである。つまり、未来に向けてなされる現在の決定は現在の視点に依存するが、それゆえに法的決定は、それが未来において効力を維持する間、更新前の、いわば「期限切れ」の視点に依存していることとなる。したがって、いま述べた「現在から見た未来の推定」という説明は、不十分なのである。

そもそも未来は、本来的に主題化不可能である。現在から未来は見えないからである。したがって未来は推定される。ただし、その推定は、未来が現在から見て偶発的であり、現在がその偶発的な「未来（における現在）」から見た過去である、というある種の制約のもとで可能となる。すなわち、現在を未来との関わりのなかで規定しようとする場合、現在は、そうでもあり、また別様でありうるといった偶発的な未来の枠から選択されうる。したがって、（現在から）未来を推定するということは、偶発的な未来から見た過去としての現在の選択を（現在において）おこなうということである。そこで、選択の連鎖は、未来から現在に走る。逆ではない。ただし、この〈未来から見た過去〉としての現在を選択する視点は、現在の歴史的視点によって形成される。

したがって、「現在」における個々の出来事の法的記述および法的決定は、法が未来に向けてその効力を持つという意味で、〈現在から見た未来〉に方向づけられているが、記述ないし決定がなされる現在において、つねに（未来に向けて）更新される。「現在」とは、その限りで現時点ではない。そのような「現在」の現在的未来へ向かうベクトルが微分化・極小化されたものが、「（現）時点」として表わされている。

この法の「現在」にとって偶発的な過去および未来は、同様なる偶発的なものではない。逆からいえば、「現在」は、その過去と未来とを非対称化する。つまり、現在が過去と未来とを、それぞれ別のものとして分かつ。時系列的に考えるならば、現在は、〈過ぎ去った現在〉としての過去において、未来として考えられる可能な選択肢のうちの一つである。また、〈現在から見た未来〉は、〈未来の現在〉において現実化されるものよりも、より多くの可能な選択肢を有している。すなわち、「現在」から見るならば、「過去」に存する諸可能性は選択的に発見される可能性であり、一方「未来」に存する諸可能性は選択的に創造される可能性である。したがって、現在から未来を推定するということは、現在から過去を見る際に選択決定された（発見された）視点を、未来から見た現在に（創造的に）投射することで可能となる。このようにして、過去の可能性も未来の可能性も、現在の選択を通して時制化される。この時制化によって、過去と未来の非対称性は対称化される。両者を、現在における選択の問題として、等しく扱うことが可能となるのである。これが、現在における決定が、過去の経験の蓄積に依っていながら未来に効力を発揮する、という前述の事態の具体的内容である。

こうして主題化不可能な未来は主題化される。その際、問題は主題化の可否ではなく、〈未来における現在〉の効果に移されている。すなわち、過去の予測の成否が、つねに（未来の）現在において問われるのである。そのことが、さらに法の歴史を形成する。法の歴史は、このように累進していく。(12)

現在における法の存続

これまで述べてきたように、社会のなかでの出来事は、法のもとで法的な出来事として把握・記述される。その把握・記述は、法規範との対応を経て、法体系内部の構成に対応させられ、法的な連関のもとにおかれることで達成される。その際、社会的コンテクストは法的コンテクストに一致させられるが、その一致は、法的な決定によって確定される。すなわち、ある社会的事実を法的事実であると読み換える法的決定がなされる。その決定には選択が伴われる。ある社会的要素をある法的な要素に対応させ、それ以外の要素を対応させない、という選択がおこなわれるのである。また、法の問題にそぐわない場合、法による処理の対象にならない場合は、法-以外のものとして法的には扱わないという選択決定が法的におこなわれる。ただし、いずれの場合にも、その際、選択されなかった諸可能性が除去されるのではない。それは、かかる選択にあたって「否定」され、選択／非選択-区別から中立化されたかたちで、とりあえず背後に措かれる。このことにより、選択されなかった可能性は、潜在化された可能性群（＝可能性の在庫）として、確保されることとなる。この背後に退いた諸可能性は、必要とあればもう一度否定（＝否定の否定）されることにより、つまり、選択されなかったという否定選択を否定することにより、再度選択に際して顕在化されうる。[13]

個々の社会的出来事の法的出来事への読み換えに際しては、こうした選択決定の蓄積、すなわち経験知が利用される。したがって、この諸可能性の蓄積の豊富さ、つまり法的諸要素とその関係化からなるさまざまな蓄積の内容（法理論、学説、判例、各種法的ディスコースなど）とその豊富さが、かかる読み換えをより適切なものとする。

法の存続は、この読み換えに際しての決定の是非や正当性およびその内容に依るのではない。そうした決定可能性の暫定的な維持に、すなわちそのつどの決定が、とりあえず可能であるということが維持される、そうした連続に依っている。決定の是非、正当性、内容といったものは、法のそのつどの決定を支えるものではあるが、法の存続を支えるものとはなりえない。なぜなら、決定は、つねにおこなわれ、つねに変更される可能性のもとにあるからである。逆に決定が変更される可能性に乏しければ、それはかえって内容上の不適合を招来しかねない。将来の変更圧力に耐えられない決定は、そのかぎりで将来のその時点における適切さを失いうる。したがって、法的なものとして決定しえたということが法の存続を支えるのである。重要なのは決定の適切さの内容ではなく、適切と考えられる決定がなされたという形式である。

法の存続、より限定的にいえば法の維持は、以上のような法の選択性のなかで実現されている。それは、法が予定している／予定していない‐さまざまな社会的出来事の処理を通じた法の展開のなかで実現されている維持である。このような選択性のなかで、現在における決定は、未来に向けられた決定（＝〈現在から見た未来〉に向けた決定）であり、その決定の維持期間が、事後的に法の存続の持続時間として理解されることになる。法の存続は、こうした決定の暫定性の維持である。(14)

3　法の力動性《ダイナミクス》

以上のような時間構造のなかで展開していく法の動態、すなわち法の力動性《ダイナミクス》を可能にする法内部の機制《メカニズム》は、以下の三点から説明される。

(1)　法の自己言及運動

法における経験の蓄積

そのつどの選択が、つねに別様でありうる可能性に曝されていること、またそこから、こうした選択が、そのつど法に経験知として蓄積されていることは、述べたとおりである。この蓄積は、選択ないし決定がなされるたびに、そのつど経験知を構成するさまざまな可能性を秩序づけ、総括し、法における経験の総体に、同一性をもたらす(15)。

そのつどの選択によってもたらされた経験の蓄積には、つねにさらなる経験の蓄積が予定されている。いま述べたように、法の存続が決定の暫定性の維持であるという以上、この暫定性こそ、決定能力の最終的な規定である(16)。暫定性を超えた永続性ないし固定化された終極点なるものは存在しない。そのつどの選択は、ある一定の問題関心ないし意図からなされており、その関心ないし意図から社会的出来事に対し法的な意味付与がおこなわれる。この意味付与を逆から見るならば、どの選択も、それまで蓄積された経験知を背景になされていることが理解される。このように、あらたに蓄積される経験は、選択に際して用いるさまざまな装置（理論、方法、諸概念など）をそれまでの経験知に負っている。つまり、蓄積された経験知が、そのつどの選択を可能にし、あらたな経験を構成する。

このように、そのつどの選択は「諸々の先行経験の解釈」であり、経験は「先行の経験に対する反省」である。この、蓄積された経験知の「転調」を通して、法は法自身の道をみずから切り開く不断の修正作動を展開するのである。[17]

法の自己主題化

このような法の不断の作動は、法そのものを、その把握・記述の対象とする。というのは、ひとたび法的出来事として記述された社会的出来事の内容が、ふたたび社会的出来事として（すなわち法の環境として）法的な記述のまえに立たされるからである。すなわち、法は法／社会-差異に定位して、社会的出来事を法的出来事として把握・記述する。その把握・記述された法的出来事は、社会のなかで（法的な）社会的出来事として主題化され、ふたたび法／社会-差異のもとで、法的に記述されうるのである。[18]

たとえば、ある法的判断がなされ、その判断に対して、社会から異議が申し立てられたとする。あるいは、目下通用しているとされる法そのものに対する疑問が社会のなかで呈されたときも同様である。その場合、法と社会（法規範と社会通念、法と社会状況など）との乖離・不一致が問題として議論される。その解決が法に求められたとき、法はそれを法的に把握・記述し、なんらかの法的解決をもたらさなくてはならない。つまり、法は、法と社会との不一致を法的に解決しなくてはならない。あるいは、法と社会との齟齬がそこまで顕在化・明確化されず、法に解決を求めるまでいかない場合であっても、この不一致・齟齬は、法的コミュニケーションにおいて主題化されうる。このようにして、社会において、なんらかのかたちで法が問題にされた場合、そのこと自体が社会的出来事として法的に主題化されるのである。以上のように、法は社会のなかで、法自身によって主題化される。法の自己主題化と呼べる事態である。

法の自己差異化

法的な把握・記述は、社会的関係を法的関係として把握・記述することによって、成立する。社会的出来事を法／社会-差異のもとに措き、法的関係を抽出することで、つまり法の側に吸収することによって成立するのである。したがって自己主題化が生ずるということは、社会のなかで法がおこなった所作（法的な把握・記述、さらにそこから導かれた決定）が社会的出来事として、法的に把握・記述される対象となることを意味する。これは法が、社会のなかでの法／社会-差異を問題にしているということである。以前に法がなした法／社会‐差異の処理が、ふたたび社会において問題となり、それが法によって処理（法／社会‐差異による処理）されるのである。

これは法的な法の改変（公的機関による解釈の変更や決定、あらたな学説等による事態の整合的説明など）を導く。すなわち、問題とされる法／社会‐差異の法的な解決が、つまり問題とされる法そのものの法的解決および法をめぐる問題の法的な解決が、求められるからである。このようにして、法は法の改変を法的決定をもって実行する。

社会的出来事としての法／社会‐差異は、それが法的に記述されることによって、すなわち法／社会‐差異のもとに措かれることによって、法を法的に改変させる「圧力」となる。法は改変される。この改変された法は、（いずれ／場合によっては即時）社会のなかで、ふたたび法／社会‐差異のもとに措かれ、法的にまた主題化され、改変される可能性のうちに措かれることとなる。つまり、社会に法／社会‐差異が出来事として生ずるかぎり、法は改変されうるのである。このように、差異によってなされた法的記述の内容が、ふたたび差異のもとに措かれることによって、法は、法的に改変されていく。法の自己差異化である。(19)

法は、この自己差異化という不断の運動を展開する。法は法自身の展開する時間地平に現われ、したがって法自身の対象として現われ――〔法の自己主題化〕、法自身が自己をも差異性構造に措くことで、つまり差異によって成立する法が法自身をその差異において対象化することで、それ自体展開する運動体となる――〔自己差異化運動〕。法の変化を遂行する法と、変化を要求される法が（法／社会-差異を介した）循環関係のうちに措かれることで自己展開するのである。

社会が法を動かすのではない。法以外のものは法をそれ自身としては動かさない。社会であれなんであれ、法以外のものは、法において法的なにごとかに読み換えられる。そのうえで法的な把握・記述が、法の外部領域でなんらかのかたちで主題化され、それがひるがえって法的に記述されることで、法を動かす。要するに法のみが法を動かすのである。法は、〔法的把握・記述〕→〔法の自己主題化〕→〔法的把握・記述〕→……という運動を循環的にくり返し、自己差異化していく。つまり法的記述と法的決定の暫定性の連続と経験が法にこのように円環的構造をもたらし、そうした円環的活動のうちに法は、さらにさまざまなことを記述・決定しながら、創造的に展開していくのである。法の自己運動である。

（2）普遍性獲得としての自己言及運動

現在における法的把握・記述は、かかる時間地平のなかで、つまり現在から見た過去の諸可能性と現在から見た未来の諸可能性のなかで、つねに未来に向かって妥当するもの、通用するものであることが意図されている。

その際、法にとって過去は、それ自体としては問題ではない。未来だけが現在に問われている。過去は、そうした未来における法の実効性を確保するためにのみ、問題となってくる。法がつ、ね、に実効的であるためには、つ、ね、に未来を指向していなくてはならない。つねなる現在の未来である以上、現在の法的記述は、つねにその記述自体を記述の対象として更新しなくてはならない。法は法自身の予測自体をあらたに予測しなくてはならない。法のこの未来指向性が、法を動かすこととなる。[20]

このように、法は法を法的に記述する。法が法的関係を法的に関係化する。法／社会-差異（によって際立たされた法）が、法／社会-関係を、法／社会-関係のなかに措く。そうした関係を関係化する不断の運動のなかで、法は普遍性を獲得していく。この自己言及運動が、法の普遍性を可能にする。もはやあきらかなように、法はそのものとして普遍的なのではなく、普遍的であろうとする自己更新的運動を展開するがゆえに、普遍的たりうる。そのかぎりで、法が法として記述しようとすれば、それ自体が普遍的記述となる。つまり、「法」が（法として）存在する。それは、すでにそのことからして、普遍指向的なのである。こうした関係の関係化による法／社会-差異の構造化、さらにそれを遂行する円環的構造を有した運動のループそのものが、法の普遍性獲得の進化的営為である。

普遍の問題は、いうまでもなく中世哲学以来最大の論争であった。実念論は普遍を時間的、位階的に根源的であるとして「普遍は個物に先立つ（universalia ante rem）」と定式化し、対する唯名論は、普遍を単なる名称（nomina）あるいは思惟の抽象の所産であるとしたうえで「普遍は個物の後に存在する（universalia post rem）」と定式化した。

しかし、いまや普遍は他のどこにあるわけでもない。すでにあきらかなように、関係の対比という「関係の関係性（relatio relationis）」においてのみ、普遍性の獲得は可能となる。[21] 法の普遍性獲得にとって、法/社会-差異は外的根拠であり、法の運動はその内的根拠である。差異あるかぎり法は運動する。差異関係を差異関係に措くこと、それが普遍性獲得の条件である。すなわち、法の普遍性とは、（差異）関係を（差異）関係化する自己言及の無限累進運動のことなのである。

【再定式化】

普遍性とは、自己言及の無限累進運動である。

第Ⅱ章　妥当性

「法律は理に合致するを目指す。」

（Coke, *The First Part of the Institutes of the Laws of England; or, A Commentary upon Littleton*, 7b）

本章では、妥当をめぐる問題を、それを支える真理価値から問うのではなく、その内容がなんであれそれが「妥当する」という事態を、社会現象として問う。

それは、以下の理由による。すなわち、根本テーゼにおいて示したように、法は、それが作られる場と用いられる場との間に時間的・空間的差異を有している。そうした差異にもかかわらず、法は、つねに現在において妥当する。法から見れば当然であるこうした現象は、それをひとたび法から離れて社会現象として見たとき、きわめて特異なものとして映るからである。歴史のなかで他のいかなるものが、そのつど真理価値をもつものとして時空を超えた妥当を実現しているだろうか。

これまで神学的、超越的、形而上学的な真理も、そしてまた直証的な理解に基づく自然科学の真理も、社会のユートピアのなんたるかも、この社会において、また社会におけるさまざまのコンテクストのなかで、なんどか抜本的に書き換えられてきた。それに対し法は、つねに現在において妥当するものとして機能している。法は、これまでも／これからも、つねにその現在において、正義を問い、あるべき社会像を描くことを可能にしている。あたかも時空を超えた妥当を可能にしているかのようである。それはいかにして可能なのだろうか。問うべきは、「妥当」という現象が、この社会で生ずることを可能にする、その社会的な機制《メカニズム》である。

1　決定不能な法的妥当性

(1) 複雑性

妥当性は、法的決定に際して、出来事に対する個別具体性の観点から、具体的妥当性の問題として論じられる。本来、妥当性は普遍的妥当性の問題として議論されてきた。しかし、こうした普遍的妥当性は、最近では相対化する価値の指摘とともに、むしろその困難が論じられている。ここでは、そうした妥当の普遍性の困難さを解決しようとする諸アプローチのなかに「妥当性」を際立たせる端緒を見出し、そこにおいて具体的妥当性の問題を浮き彫りにする。

すでに述べたように、普遍性をめぐる議論は隘路に入り込んでいる。(1) したがって、かつての意味で普遍性を思念しえない現在、普遍的な妥当が統一的な世界理解のもとで可能になるとする企ては、変更ないし放棄されなくてはならない。ここでは、それに代わり、世界ないし社会が複雑であるという理解から出発する。[2] それは、端的にいえば、世界ないし社会を全体として把握・理解することを放棄し、それを可能性の過多としてとらえるというものである。すなわち、世界理解における絶対的な価値、あるいは永遠に妥当する真理の想定、世界を統一的な意味のもとに理解できるという前提に対し、「複雑性」をもって異議を申し立てるものである。[3]

しかし、統一的な意味の想定の代わりに、複雑性を対置したところで、事態はなにも変わらない。統一なるものの代わりに複雑性が統一なるものとして働くだけである。たとえば、世界を構成する意味の多様性に目を向け、「多元」あるいは「相対」の名を冠した諸主張が、ただちに逢着する困難さと同様のものである。すなわち多元主義は、多元主義を排除する一元的主張をその多元性のうちに内包しうるのか。相対主義は、相対性を排除する絶対性に対して相対的立場を保持しうるのか。[4] このパラドクスに気づきさえすれば、多元ないし相対という名称を伴うさまざまな試みの困難が、たちまち露呈する。同様なことが複雑性にもあてはまる。「複雑である」ことを議論の出発にしたところで、それを単に複雑であると記述するのであれば、この議論は複雑性を主張する統一的な記述ということにほかならない。[5]

かかる事態に対し、つぎのような解決が考えられる。すなわち、「複雑である」ということの、一義的な表明や解釈の不可能性を論ずるという解決である。すなわち、「複雑」という確定した状態があるわけではない。そもそも（複雑な事態を締め出す）統一的な複雑性の記述や一義的な複雑性などというものはありえない、という議論である。また、こうした議論が出発点として掲げる「複雑性」は、複雑性を生み出す統一性、すなわち、アリストテレスの神、不動の動者（the unmoving mover）を前提としてはいない。統一なるものに支えられた複雑性が問題なのではない。そもそも、複雑性そのものを名指すことはできない。なぜなら、「複雑であること」について語ることは、「複雑である」という事実を排除することにほかならないからである。語ることができないという、その点において複雑なのである。(6) むしろ複雑性は、そのかぎりで「呼びて呼ばざるもの、在りて在らざるもの」である。

以上を法のコンテクストに置き換えてみる。法は、社会的出来事を法的出来事として読み換え、そこにおいて作動する。社会的出来事の総体を、あるいはその背景としての社会そのものの総体を、総体として把握することはできない。すくなくとも法が社会を総体として語ることはできない。法から見て社会は、法的な視点から選択的に把握・記述されうる地平にとどまる。逆にいえば、社会は法に対して、法が意味投企し、また意味付与する素材を提供する。そのかぎりで、社会は法的記述を可能にする可能性の豊饒たる貯蔵庫である。法的把握・記述の必要に応じて、選択された然るべき「材料」が社会から引き出されるのである。法にとって、社会は可能なるものの過多（＝総体としてとらえきれないもの）である。つまり複雑である。そして法には、社会が複雑であるという「状態」は把握できず、社会はあくまでも選択の観点からのみ、可能性の観点からのみ、（法的に記述されるべく）「問題」として生ずるものである。つまり、法から見て、(法をとりまく社会の) 豊饒たる諸可能性は (法的に) 縮減されなければならない。あるいは逆に、(社会の) 複雑性を縮減することで、法は法において法的諸要素の連関を確立できるといえる(7)。

この法的な「限定」は、可能性の減少を意味するものではない。むしろ逆に、記述可能性の増大を導く。なぜならば、限定されることによって法的諸要素のさらなる連関可能性が導かれるからである。茫漠たる複雑性が、縮減可能な複雑性として、現前化されることとなるからである。つまり、法的な把握・記述は、社会をより先鋭かつ詳細に描写しうる。この意味で部分の集合は全体より大きい(8)。

(2) 法的判断の偶発性《コンティンゲンツ》

複雑な社会は、それがある視点から把握・記述されるそのかぎりにおいて、その視点による把握・記述を導くという点で、視点相対的である。どの把握も、なんらかの選択的・限定的視点のうえに構成されているからである。すべてを把握する網羅的視点なるものは存在しない。たとえば、法的な視点からの社会の把握は、法というある一視点からの把握であり、その他の観点からの把握ではない。この、ある視点と他の視点との関係は、つねに別様でもありうるという意味で偶発的であり、それはある視点がつねに他でもありうるという (代替) 可能性のなかから論じられる。この偶発性《コンティンゲンツ》は、法的、政治的、経済的、文化的など、さまざまな視点の間に関してもそうであるように、一つの視点のなかでなされるさまざまな判断に関してもあてはまる。すなわち、法的視点からなされたある法的判断は、一義的には決定されえず、また確定した（固定的）状態を表わすものではない。つまり、法的判断もそれ自身も、他にも可能であるところの法的判断のなかの、ある法的判断として偶発的である。

社会の複雑性および法的判断の偶発性《コンティンゲンツ》から、社会と法との関係は、確定した「状態」を示すものではなく、そのつどの判断により、そのつど偶発性《コンティンゲンツ》のうちに措かれることとなる。つまり、この関係は、数ある関係のなかの別様でもありうる関係の一つであり、そのことから、それは、さまざまな関係化（可能性）のなかにある（関係化）可能性の一つである、ということができる。別言すれば、法的判断に際して「社会が複雑である」ということは、法から見て社会の複雑な状態があることを指しているのではない。社会と法との間の、両者の複雑な（一義的に決定できない）関係があり、それゆえ関係化可能性があり、したがって関係化から始めるということである。つまり、判断の対象となる社会の複雑性は、それが法的に関係化されることをもって、はじめて法的な判断へ繋がる途が開かれる。すなわち、複雑性から始めること、それ自体がすでに関係化だといえる。(9)

このことを法と社会との差異からいえば、つぎのようになる。すなわち、法と社会とは、ある差異関係のうちにある。そこでは、「法」が問題なのではなく、また同様に「社会」が問題なのではない。法/社会-関係の「/」の部分、つまり、法と社会の「差異（関係）」が問題なのである。この差異は、すでに（=二重に）差異化されている。すなわち、別の差異との差異関係に措かれている。というのは、ある差異の可能性が、別の差異の可能性を惹起するからである。ある「／」とは別の「／」の可能性に、別様性に、つねに曝されているのである。このように、差異そのものが偶発性《コンティンゲンツ》のうちに措かれている。したがって、（法／社会という）差異から始めること、そのこと自体、すでに差異化されているのである。[10]

そうした差異と差異との、つまり関係化可能性と関係化可能性との偶発的関係が、複雑な社会に対し、なんらかの法的に判断を下すことができる可能性の全体ないし総体を辛うじて観念させる。全体ないし総体が、そのものとして実在するのではない。数ある関係化可能性の一つとしての関係性が、他の関係性との偶発的な関係のうちに措かれていることから、つねに別様にでもありうるという観念のもと、法的判断の可能性を無限に――どこまでいっても限界を認識することができない（＝限界を欠如している）「欠如的無限（privative infinitum）」という意味で――、想定できるのである。ここに全体を上まわる部分の集合というものが理解される。つまり、限界を欠如し、つねに「さらなる（別の）可能性」を想定しうる論理《ロジック》は、それが限界を持ちえないがゆえに、全体としての輪郭を確定すること、ないし明確にすることはできない。しかし、つねに別様にもありうることを想定しうるがゆえ、そのものとしての全体より大きくなりうるのである。ここから、偶発性《コンティンゲンツ》に支えられる法的判断の妥当性のイメージが浮かび上がってくる。それは、すべてに妥当するのではなく、個々につねに妥当するというものである。

以上のように法的判断は、社会において、そのつどの偶発的関係においてのみ可能である。このことを逆から見るならば、個々のそのつどの判断は、社会的出来事の法的な把握・記述を契機に、なんらかの理由により、選択的にその判断として採用され、それゆえ他の判断に対して偶発的な関係に措かれることになるといえる。したがって、この判断は、そのつどの出来事の把握に応じた相対的視点に、すなわち偶発的に選択された視点に係留されて、なされたものである。つまり、かかる出来事の個別特性・個別事情に注目し、その相対的ないし偶発的な視点により、その視点を採用することがより適当であるとの選択がなされたにほかならない。

法的判断に際し、「妥当性」が個々の事例に対して具体的でありうるのは、個々の事例に適合的である視点の、このような選択的採用によるものといえる。いいかえれば、さきと同様な理由で、偶発性《コンティンゲンツ》が、より適合的・具体的な視点の獲得と判断を可能にする。このようにして、法的判断は事例適合的に、すなわち具体的になされる。そこで続く問題は、この判断が、個々の事例に対する個別的具体性を備えつつ、いかにつねに「妥当」的であるかということである。(11)

2　法的妥当性の達成

(1)　接続

　以上のように法的判断は、偶発的であり、つねに別様性に曝されている。この別様性は、単に別の可能性として（潜在的に）存在するというだけでなく、かかる法的判断がおこなわれることにより、現実のものとなる可能性が顕在化するということを表わしている。つまり、別様性とは、つねに別様の現実化可能性であり、実際の判断をもって可能なるものが現実なるものに換えられていく、そうした様態である。法は、判断を通して現実化（＝実現）される。したがって、ある判断が偶発的であるということは、その判断の現実化が変更可能性に曝されているということ、別の現実化に取って代わられうることを含意している。

　このことを逆から見れば、いかなる法の実現も、そこで確信された成功を恒久には保持しえないということを意味する。すなわち、ある法の実現は、その実現をもって別の法の実現を待つことが顕在化され、それゆえ別様な法の実現がおこなわれるまでの間にかぎり、それ自体の有効性を保持しうるということである。別様の判断が下された場合、それまでの実現が持つ有効性は、それに取って代わった実現の持つ有効性に、そのつど接続される。それは肯定的に、つまり判断の内容を継承する場合もあろうし、逆に否定的に、つまり判断の内容を覆すかたちでおこなわれる場合もあろう。しかし、いずれにせよ、判断は別のつぎの判断に接続される。この接続は、価値ないし内容の接続を意味するのではなく、判断という作動《オペレーション》の接続を意味する。それは、判断と判断を問題にするのではなく、判断と判断を問題としており、したがって、判断と判断とのコミュニケーティヴな関係を表現している。この接続が、法的判断の実現可能性を継続的に支える。つまり接続という「形式」が、判断を連続させ、その継続性を可能にするのである。

　もし、この接続を「形式」ではなく、なんらかの「内容」から説明しようとするならば、ある判断からつぎの判断へ転換を惹起させた根拠としての、そのつどの「価値」を考えなくてはならない。この「価値」は、先行した判断と続く判断の内容上の連続を意味しない。いうまでもなく、ある判断がつぎの判断に取って代わられるのは、先行の判断がいったん棚上げされ、その肯定／否定にかかわらず、更新されることによる。それは、連続の停止を意味するものではない。先行の判断は、更新によって引き継がれていく。すなわち、維持されるべき事例あるいは否定的ないし反対的事例として引き合いに出されながら、つまり、つぎの判断を成立させる動因として用いられながら、引き継がれていく。このような仕方で、先行の判断がつぎの判断を誘導するかたちで、つまり判断が判断されるというかたちで、接続がおこなわれる(12)。

　より徹底していえば、接続されているのは区別である。すなわち、法的判断は、ある区別によって成立する。すなわち、その判断によって採択された要素と退けられた要素との区別である。諸要素を善／悪、必要／不要、正／負などの二分法をもって振り分けることで、かかる区別が成立する。したがって判断が接続されるという場合、正確には、接続されるのは区別であることがわかる。つまり、善／悪、必要／不要、正／負のいずれかがいずれかに接続されているのではなく、そこでなされた区別が別な区別に接続されるということ、つまり区別と区別の接続である。「／」が「／」に接続されているのである。

以上のように、そのつどの法的判断は、別様の可能性のもと、さらなる事例に曝されるなかで維持ないしは破棄される。維持された判断は、またもや別様の可能性のもとにおかれながら、多くの事例にさらに曝されていく。そのつどの判断が、維持／破棄の可能性に曝されながら、個々の事例をより適合的に処理すべく、この接続を連続していくのである。したがって、接続が終結し、区別が収束することはない。区別がただ接続され、接続がただ連続していく。[13]

この接続とその連続が、法的判断が将来にわたっても「妥当的になされる」であろうという観念を可能にする。各判断の妥当性はそのつどの価値判断に依存するのであり、その判断を支える価値は、その判断の妥当性を一回的に支えても、かかる法的判断の妥当性を安定的に支えることはしない。接続の連続が妥当の安定性を、より正確には、接続が妥当を、連続が安定性を、（実質においてではなく）形式において可能にするのである。[14]

（2）妥当性の審級

では、法的判断に際して、その妥当性の実質的内容は、いかにして確保されるのであろうか。

そのつどの判断は、それぞれの判断を可能にするところのさまざまなコンテクストと背景とを前提として持っている。その判断をおこなう当の判断主体は、その前提のなかで、それぞれの「基準」なるものを（たとえ暫定的にであれ）保持している。判断そのものは、偶発性《コンティンゲンツ》のなかで、さまざまな可能性のなかから一つの可能性を選択することで形成される。このように判断は、個々の事例においてそのつど独立したものではなく、他の判断可能性とのコンテクスチュアルな関係のなかでなされる。つまり、接続における判断である。すでになされた判断や別様になしうる判断、およびそれらを構成するさまざまな背景、先行の判断によって解決された問題、その判断が交替されるに至った経緯など、さまざまなものが、その接続における判断に際して考慮されることとなる。すなわち、非常に多くのものが当該の判断を形成する環境となり、背景となる。

ある判断が、まったく独立してなされるということはありえない。判断はつねに、もろもろの判断可能性のなかから選択されたその判断として、他の判断可能性の否定をもって成り立つ。つまり、採択されたものと退けられたものとの間の排他的関係のなかで、そうであり、ゆえに別ではないものとしてのみ在りうるのである。

このことから逆に、接続は、その接続がおこなわれる場において妥当的にコントロールされ、そのコントロールは、そのつど、したがって継続的に、可能となる。接続のたびごとに選択がおこなわれ、それゆえ、その選択の実行において、一定の価値評価がなされるのである。この価値評価は、妥当性に対する、接続を介したいわば内部的なコントロールであり、かつまた非常に緩やかなコントロールである。より妥当であるとみなされる判断が採用されるからである。これが法の妥当性に対して可能なコントロールであり、法に妥当性を与えるべく制御しうる、とりあえずもっとも有効なものといえる。このコントロールは、それが内部的にかつ非常に緩やかにおこなわれるという点で、すなわち、外部からのコントロールの余地がなく、内容上の非連続・改変よりも接続能力の維持に重点をおくという点で、いわゆる「体制維持的」ないし「保守的」な立場に繋がるものであるとの指摘がなされうる。しかし、以下の理由から、この立場の徹底は、このような指摘をなす当の立場よりも、よりラディカルに、より根本的に、つまり体制可変的かつ抗-保守的に、事態を展開することができる。以下、説明する。

すなわち、コントロールをおこなう主体は、コントロールをしようとする当の対象のうちに本来的に取り込まれ、したがってコントロールは、コントロールの対象から自己を特権的かつ暗黙裏に救出することによってのみ可能となる。例を挙げよう。たとえば批判は、当の批判対象に負うことで、批判主体そのものが生きながらえている。したがって、対象が存在しなくなったとき、主体自身も存在しえなくなる。いわば批判する当の対象に寄生することで、自己の存在を保全するのである。だから、いかなるものをも批判の対象にするとしても、自己が批判するというその機制《メカニズム》自身を批判することはしない。批判とは、そのかぎりで批判する当の主体の（自己）維持的作業でありうる。理論的かつ抽象化した例を挙げるならば、あるものを否定するということで可能になる、その体系を肯定するという弁証法も、そのかぎりにおいて同様である。弁証法は、矛盾によって突き動かされる矛盾なき体系である。その際、弁証法それ自体は、弁証法という機制《メカニズム》そのものを止揚の対象にしえない。弁証法は、みずからを弁証法内部の機制《メカニズム》から、こっそりと救出することによって、その論理《ロジック》を可能にしている。矛盾なく矛盾を用いる、その体系は矛盾していない、ということになる。このことからもわかるように、結局、批判は批判する対象を否定的に扱うにしても、その存在そのものを否定することはできず、むしろそれを前提としているのである。

以上のことを法にあてはめてみる。法は法的手続によって法的に制定される。そうした法は、本来「法」以上のいかなる価値をも持ちえない。その内容と価値は、法的手続によって支えられた一種の「決めごと」である。既存の法の妥当性（の不足）を理由に（法の上部ないし外側から）法の変更をもくろむ「なにもの」か——自然、理性、合理的判断、利益、民意、歴史の発展法則、民族の目標、国際情勢等々なんであれ——は、既存の法に対してあらたなる「法」として働くこととなる。つまり、このあらたなる法は、みずからが「決めごと」以上の「決めごと」として働くことを当初から容認・予定している。したがって、それは「決めごと」たろうとする法を超えた法である。ただし法以上にはなれない。なぜなら、法にとどまらなければ、法として機能しないからである。要するに、「法の支配」をも支配する法を（法を超えていながら、しかし法として）作り出すようなものである。[15] これは矛盾である。

ここで展開されている事態は、コントロールによるコントロールのコントロールである。その帰結は、コントロールをコントロールできうるという想定があるがゆえに、コントロール不全を生じさせる可能性と力とを有している。なぜなら、対象たる（問題をはらんだ）コントロールを不全に陥らせるというコントロールを前提としているからである。これは、妥当性（ないし妥当と判断されたもの）に支えられた強いコントロールを可能にする。しかし同時に、このコントロールによるコントロールのコントロールが可能であるということは、暴力的なかたちで、法の暴走を誘導し、かつ現実化することができるということである。妥当性のコントロールが妥当性を破壊しうる機制《メカニズム》となりうるからである。批判を通して自己を批判する者を排除し、自己による批判を実行する。支配に対する支配を通して、自己の手による支配を実行する。さまざまな価値から法を守るために、自己の認めるところの価値を法として用い、価値の貫徹を実行する。あるいは法を貫徹するために、ラディカルに暴力《ゲヴァルト》を、あるいは革命を導き、法の破壊をもって法を貫徹する。これらと同様のことをおこないうるのである。つまり、自己の依っている当の前提をこっそりと覆しつつ、その前提に添ったかたちで自己を保存しうる。それは、自己維持的なのだろうか、それとも自己改変（＝破壊）的なのだろうか。コンサーバティヴなのか、それともラディカルなのか。いずれにせよ、恣意的になりうるのではないか。つまり、恣意がコンサーバティヴならばコンサーバティヴに、恣意がラディカルならばラディカルに事態を誘導する、自己保全的論理《ロジック》ではないだろうか。

こうしたコントロールのやり方に対し、接続における法的判断の妥当性のコントロールは、法的判断の不断の接続を通じて、そのつど、妥当性のコントロールそのものの妥当性を問うことができる。つまり、妥当性の議論そのものがその他の可能な妥当性の議論との偶発的な関係のなかで、反省的になされることを可能にする。先の例に照らし合わせて、より限定的にいえば、以上の矛盾をつねに明るみに出し、コントロールにつきまとう前記の欺瞞性を暴き続けることで、それらをそのつど除去しうる能力を有する。コントロールの任意なコントロールを回避するのである。つまり、コントロール不全を回避するのである。ただし、この除去はそのつど徹底して、おこなわれなければならない。そのつど矛盾とそこに隠された欺瞞とを徹底的に暴きつづけなくてはならない[16]。そうでなければ、恣意ないし隠された意図に基づく一方向的な暴走(体制維持であれ、革命であれ)を法が法として支えることになる。したがって、そのつどの接続において問題を徹底的に明るみに出すこと、また接続を通じてラディカルに批判を展開すること、そしてなにより、接続がつぎの接続に接続されることこそ、「妥当性」をコントロールする、とりあえずの、しかしそれゆえ、唯一の途である[17]。

このことが徹底しておこなわれるのであれば、妥当性(およびそのコントロール)は、けっして任意なるものとはならない。そのつどの、その場面において必然的なものである。なぜなら、法的判断に際して、「これでなくてはならない」ものと「これであってはならない」ものとの区別が、偶発的な状況のなか、つねに接続され続けているからである。そのつどの区別の必然性が、個々の事例における妥当性を確保し、そうした「そのつど性」が不断に継続するということが、法の妥当性を可能にする。妥当性の恒久的な審級は存在しない。そのつどの接続がその審級なるものを形成していくのである。その意味で、審級なるものは存在においてではなく形成において語られる、プロセス上の観念といえる。審級が妥当性を可能にするのではなく、接続の妥当性の連続が審級を可能にする。妥当性とは、このようにみずから更新され続けていくことを通じて実現しゆく運動である。(18)

【再定式化】
妥当性とは、更新され続けることを通して実現される漸進的な運動である。

第Ⅲ章　安定性

「われわれは、法が安定であることのゆえに、それに服従することを強制される。」

（Vico, *Scienza Nuova Seconda* 1744, CXI, CXIII）

法は、変化する社会にあって、一定のものとして、ある予期のもとに参照されることが予定されている。法が、社会の変化に応じて、あるいは個々の状況・事例に適合的に対応することで、そのつど変化してしまうならば、人びとが法を「つねに参照しうるもの」「予期に資するもの」として信頼の対象におくことはできない。そのかぎりで、法は予測可能なもの、安定的なものであることが予定されている。ここでは、社会において法が安定的であることを社会現象とし、それを可能にする社会的機制《メカニズム》を問うことにする。

1 不安定要因の法的処理

(1) 法的安定性

そもそも人類の学知《エピステーメ》は、古代ギリシア以来ロゴスをロゴスとして自覚し、哲学的な思惟を展開していった。そこで問題とされていたのは、徹頭徹尾コスモスであった。すなわち、それは秩序を有し調和を持った全体であり、美しく飾られたものであった。以来、学問は、このコスモスを可能にする秩序の解明に傾注していくことになった。それは、あるときは神の意志の解明であり、自然の秩序の解明であり、また人間理性の、人間存在の意味の解明であり、さらに社会的諸現象の解明であった。このようにコスモスに定位・志向する学問の伝統のなかでは、混沌は秩序の、狂気は正常の、混乱は平静の、危険は安全の逸脱ないし例外として、すなわちそれらを攪乱させる不安定要因として理解され、そうした不安定要因は取り除かれ、正常な状態へと是正されることが問題とされていた。つまり、安定性から不安定性が議論されていたのである。

同様に、法(の実現)によって予定される社会は美しき平穏な社会であり、法によって描かれる世界は、実現されるべき(社会の)秩序を示していた。その意味で、法はコスモスであった。法は論理的完結性を有しており、「概念による計算」が可能であるという、かの概念法学の伝統に象徴されるように、法的安定性の議論の背景には、本来的に精緻に築き上げられた法のコスモス構造があったといえる。

したがって法において安定性は、法体系のコスモスとしての安定性にほかならず、それは法の論理構造を通して達成される。その意味で法は本来「無欠缺」であり、仮に、法の予定していない事態が発生したり、あるいはそうした行為がおこなわれたとしても、つまり「法の欠缺」が認められた場合でも、それが適正に処理され、欠缺が補充されるかぎり、法は安定的であるといえる(1)。

(2)　法的安定性の維持・存続

法は法が予定しえない出来事、すなわち法の不安定要因と遭遇する。したがって、無傷の法的安定性というものは、存在しえない。法は、不安定要因に対峙した際、それが、どこから、どのようなかたちで発生したにせよ、それを法内部の論理構造のなかで処理しなければならない。いちいち法外部のものを参照してその処理をおこなうと、法そのものに対する信頼は確保されず、その結果、法的安定性が著しく損なわれることになるからである。したがって法的安定性は、その安定性を攪乱させる不安定要因に遭遇した場合、それら諸要因が「適正に処理される」ことを前提として、はじめて可能となる。この前提があってこそ、法とその処理によって構成される空間は、予測に資する空間となる。つまり法は十分に予測可能なものになる。この「予測可能な空間」について、以下の三点から述べる(2)。

a．法の不安定要因の法的性格

法の不安定要因は、法体系の一定の意味連関のなか、諸要素――条文・学説・判例など――の可能な関係化を通して、把握・処理される。このことにより、予想可能な空間のうちに法は機能することができる。逆にいえば、いかなる法の不安定要因も、法において予想され、法のなかで構成されたという意味で「（非法的ではなく）法的な不安定要因」といえる。

b．不安定要因によって攪乱されることのない法的安定性

いかなる不安定要因が生じようとも、基本的には、その「要因」によって法的安定性が攪乱されることはない。そうした「不安定要因」は、法（体系）自身の分解や再構築ではなく、法的空間を構成する諸要素の関係化を通して、処理可能なものとされる。すなわち、不安定要因の問題性《プロブレマティク》は、法的諸要素の相互作用と、その諸要素の関係化による法自身の構造（化）のなかに、吸収される。つまり、法は法として、一定の構造を維持しながら、諸要素の（再）結合を通じて、かかる問題を解決するのである。不安定要因は、それが一見、処理不可能に見えるものであっても、法のなかで処理可能なものとされ、法そのものの存立を脅かすことはない――たとえば「法の発見」および「法の創造」を想起[3]。

法は体系として、このように法内部における自己再生産的な存続運動を展開し、その結果、法体系

の論理的な一貫性《コンシステンシー》は確保される。むしろこの問題性《プロブレマティク》は、法の潜在能力《ポテンシャル》を刺激し、さらに法体系の問題処理能力を高めるように働く。つまり、コンフリクトを通じての法の維持・形成である。(4)この問題性《プロブレマティク》が、法体系の処理能力をはるかに逸脱ないし超え出る場合、それは、法的に例外として処理（＝法的判断になじまないという「法的判断」）されるか、他の問題解決システムに委託される（＝「判断の回避」という「法的判断」）。ただし、その場合もすべて法的な判断である。よって法的安定性が、不安定要因に攪乱されることはない。

c．法律専門職集団による法的安定性の維持

こうした一連の処理は、それを遂行する法律専門職によって、おこなわれる。そこでは、法に照らし合わせて問題を体験し、適宜、法的に修正し、展開していくことが、法が継続的に安定性を保持し続ける条件である。したがって、法律専門職集団においては、法の安定性実現のために、個々の不安定要因との偶然の出会いを待つだけでなく、同時に研究の組織化をおこなう。すなわち、未知の不安定要因を予見し、その処理メカニズムを法に導入することとなる。研究の高度な組織化は、法的不安定要因を発見し、その法的処理を企て、さらなる不安定要因の予見をもおこない、あらたな処理を企て、さらに……と、続いていく。このように、処理された不安定要因とそれを処理した技術を蓄積し、さらなる不安定要因の処理と技術の開発を展開する。

以上の所作をもって、不安定要因は、法的安定性にとって無害化される。そこでは当の不安定要因の問題性《プロブレマティク》の内容的な処理が問題なのではない。法的安定性を形成し維持する固有の論理《ロジック》が、破綻なく一貫性をもって、その不安定要因を処理したという形式が重要なのである。このことにより、法に寄せられた予期は失望に至ることなく達成され、したがって法的安定性は確保される。こうして法的安定性は、さらなる予期に対し相応する問題解決能力を備えるというしかたで、継続的に維持される。不安定要因をめぐってなされる法に対する「予期」と法のおこなう「処理」との作用連関が、それを可能にする。したがって法は、つねなる予期に曝されながらも、その予期に耐えうる構造を具備した法、つまり予期に資する法として在ることが可能なのである。

2 プロセスとしての法的安定性

以上のような、法の不安定要因の処理は、法の問題解決能力をつねに増大させ、法的安定性の潜在能力《ポテンシャル》を高める。しかし、いかにその潜在能力《ポテンシャル》が高まったからといって、現実の諸要素すべてを、さらにその諸要素の関係可能性すべてを見通すには遠く及ばない。そこには、潜在能力《ポテンシャル》のいかなる増大をもってしても予見不可能な不安定要因が、依然として存在する。それは、単に不安定要因の質的・量的な問題でも、また法的安定性の能力の問題でもなく、法的安定性そのものに内在する問題である。以下、二点から説明する。

(1)　不安定要因の産出としての不安定要因の処理

法は、起こりうる不安定要因に対してつねに開かれ、さらなる不安定要因に備えていく。このことを通して法は、不安定要因に、すなわち個々の事実・事例に、対抗するかたちでみずから安定化する——「抗事実的な安定化」といえる。(5) いわゆる「法の発見」および「法の創造」とは、この安定化の所作の一つである。この安定化は、法の不安定要因処理における一側面といえるが、同時にこの安定化は、それとは逆に、法の不安定要因の創出を、つまり不安定化とも呼べる事態を生じさせる。法的安定性の潜在能力《ポテンシャル》の増大によって、したがって法的不安定要因を処理する能力の増大によって、法に新種の不安定要因がもたらされる、というものである。

すなわち、ある不安定要因の処理は、その「処理」を可能にするなんらかの法的判断が下され、その実行に向けて法的決定がなされたということに、依っている。このことは同時に、この決定によっては処理されえない要因の存在を顕在化させる。つまり、あらたなる決定が、あらたなる（別の）不安定要因を惹起するのである。なぜなら、その処理によって、それまで見えなかったものが見えるようになり、その結果、処理しなければならない問題が際立たされるからである。いいかえれば、不安定要因を処理するあらたなる決定は、その決定そのものの不完全さを示唆する。なぜなら、あらゆる決定は、完全な処理を目指しているが、それを遂行できる決定はありえないからである。したがって、完全さを目指してなされたその決定により、かかる決定では扱いえなかった問題、かかる決定に付随して生じた問題などが、視野に入ってくることとなる。たとえば、あらたな解釈の採用、一般条項の適用、特別法の制定などが、ある一定の不安定要因を処理しつつも、その処理と同時に、その処理の当初の想定に収まりきれない、またその処理によっては網羅されることのない諸可能性の存在を示唆する事態を想起することができよう。さらにはまったくあらたな事態の出現や、また場合によってはその具体的内容までもが、イメージされうるであろう。

このように法的安定性は、不安定要因を吸収する次元と不安定要因を創発する次元とに同時に関わっている。不安定要因の処理は、不安定要因を産出する。不安定要因を処理するあらゆる企てが、あらたな不安定要因の産出を伴う。したがって、不安定要因処理能力の増大は、法にとって未知の不安定要因を、また、これまでの想定に収まりきらない、処理がより困難な不安定要因をも導く。つまり、法の処理能力の限界の拡張は、あらたな限界を際立たせ、さらなる処理能力を法に要求するのである。いずれにせよ法は、安定性を引き続き維持するために、この不安定要因を引き続き処理しなければならない。

要するに、欠缺の補充はさらなる欠缺を惹起し、かかる欠缺の補充は、さらに補充されるべき欠缺を導く。最終的に欠缺が補充されることはない。もし欠缺が根本的に補充されたというような表明がなされたとするならば、もはや法には不安定要因が存在しえないことになり、逆にそれは、そのかぎりで法の不安定要因への対応能力の根本的欠如を意味する。この欠如は、単なる対応能力の不足というより解決能力の欠落という意味で、いうなれば法の根本的欠缺である。その場合、法はもはや法として機能せず、当然、予期の対象となるべくもない。

つまり、法的安定性は、不安定要因の処理においてなおも不安定要因が存在するか否か、という問いを誘導する。その問いに対して、法的安定性はそれ自体として、不安定要因を継続的に処理するというかたちで応える。それ以外に途はない。なぜなら、この継続的な処理には終項はないからである。ただ、「処理する」というプロセスの連続（可能性）だけが、法的安定性をいわば側面から保証する。そこには、究極的な安定性、最終的な安定性というものは原理的に存在しえない。

（2）時間上の法的安定性

このように法は、もろもろの処理を整理し、それをもとにさらに予測を立てることで、法自身の安定性を組み立てていく。つまり、不安定要因のそのつどの処理で完結することなく、想定していない新種の不安定要因に備えるために、個々の処理と予測を関連づけ、そこからあらたに予測し、修正し、さらに予測する。不安定要因との偶然の出会いを待つのではなく、法をめぐる諸ディスコースを組織化し、法自身の修正・変更、あらたな法的な提案をおこないつつ、法の安定性を高めていくのである。

これらの作業は法に反映され、法のなかに蓄積されていく。そのことにより、法は複雑な構成を持つものとなる。逆にいえば、この法の構成の複雑さによって、法に突きつけられる不安定要因と法の問題解決能力とを適合的に橋渡しすることが可能となる。法の複雑さは、不安定要因と法の問題解決能力との媒介を可能にする緩衝剤《バッファ》である。(6) そのつどの問題処理のたびに、条文、学説、判例などが複合的に関連づけられ、またそれまで蓄積された関連づけの連関のなかにおかれ、未来における多種多様な不安定要因に対処しうる問題解決を、より広範に可能にするのである。こうして法的安定性は確保される。

したがってこの安定性の確保は、時間地平のなかで達成される。そのつどの現在における問題解決に際して、法がかかる不安定要因を処理する以前の法的構成と反省的に関わりながら、未来における不安定要因の出現とその処理可能性を視野に入れた法を、仮想実験的に構築していくからである。

「現在」において処理された不安定要因および処理技術は、未来において立ち現われる不安定要因にとって、免役のごとく働く。つまり、同様な不安定要因が有害なものとしてふたたび法に現われ出ることはなく、それは既知・既出のものとして学習されたものとして処理され、その結果、かかる要因によって法的安定性がふたたび動揺させられることはない。こうした処理の経験は、過去の処理事例そのものとして用いられるだけでなく、より柔軟な類推・拡張を可能にし、さまざまな事例に対しより適合的に応用される——先例・判例の機能。また、それは具体的な個々の事例の処理だけでなく、さらに一般化されたかたちで、可能な処理の形式の定式化をも導く。たとえば、こうした不安定要因――それが理論的に論定されたものであれ、現実に生起したものであれ――の処理の経験が、学説を誘導する。このように、不安定要因の処理は、それが特定の時点におけるある事例に対してなされたものであるにせよ、将来にわたり、別のあらゆる事例に対して開かれたかたちで用いられる。

しかし、当然、この時間的な拡がりのなかで、当初法が予定した想定を大きく超えて出る事態が生じうる。また仮に想定された範囲内であっても、その事例の処理に関わって生ずる帰結までは、予想すべくもない。また、ある処理の決定が過去になされた処理に変更を遡って要求することも考えられる。

この不十分さは、法的決定が未来に対して効力を持つということを考えるならば、さらに先鋭化される[7]。なぜなら、ある時点での不安定要因の処理は、あくまでもその時点での処理だからである。すなわち、それはその時点においてなされた最高の（ないし最高であることを意図された）処理である。しかし／ゆえに、その処理の時点以降、つまり将来にわたって最高の処理であることは、なんら保証されない。法は、未来に対して決定をなし、未来を拘束するのではあるが、しかし、ある時点での処理が、将来にわたって別の処理を必要とし、別の処理に取って代わられうることは、その処理がなされた当の時点から、運命づけられている。つまり、達成された安定性は、達成されたその瞬間から不安定性に曝されているのである。

このように、法的安定性とは、ある特定の時点に（そこにおいて将来に向けて）固定化されるような静的な状態ではない。時間を超えて永続する安定性、不変の安定性というものは、原理的に存在しえない。法的安定性にとって、未来に生じうることの予想が不可能であるということ、すなわち当初の想定が覆されうるということは、不可避である(8)。

このように、法的安定性の「維持」ないし「確保」とは、不安定要因の処理が滞りなくおこなわれていることにほかならない。逆に、法的安定性の「不全」ないし「欠如」とは、法の不安定要因処理能力の不足に起因する(9)。

3 予期の安定的成就

(1) 予期の保持の維持

以上からあきらかなように、法の不安定要因は、法的安定性をいわば外側から支えている。不安定要因によって動揺させられた法的安定性が、その不安定要因を処理するかたちで維持されるからである。一方、法的安定性は、法に向けられた予期を継続させる役割を果たす。ここでいう継続とは、法に対してある予期がなされ、その予期が成就された結果、法を引き続き予期に資するであろうとする判断が安定的に継続することである。このことから、法に対する予期の成就は、法的安定性を内側から支えるものといえる。

さきに述べたように、法は、処理すべき社会的諸問題に対する高度な問題解決能力を備えるがために、複雑な構成を有している。複雑な構成のもとでは、予期にあたって法全体を見通し、かつその帰結を予想することは難しい。したがって、法に対する予期は、確たる確信を持つことなく、また結果を予見することなく、それが成功裡に運ぶであろうという期待のなかで、なされることになる。

予期は、成功／失敗する。成功した場合、法的安定性が動揺することはなく、またそれゆえ安定性が問いに付されることはない。法的安定性は、それまで通り前提とされ続ける。逆に予期が失敗した（＝予期の変更が余儀なくされた）場合、あるいは失敗とまでもいえなくても、予期と法との間で、ある種の調整が必要とされた場合、その失敗・調整がなんらかの事由により受諾可能なものとなるならば、あるいはその失敗・調整が学習され、予期された内容が変更されるならば、法的安定性は引き続き維持される。その際、法の側から示される説明、代替案、他の選択可能性などが、法の安定性と予期の失敗とを架橋する触媒として働く。この触媒作用が有効に働くならば、すなわち両者のすりあわせのなかで予期する側の学習（積極的であれ消極的であれ）が可能となるならば、法への定位・志向は依然として維持されるのである。そうした処理が「適正」になされるかぎり、予期に失敗した者が、法に背を向けたり、法の反対に走ることはない。法に対する疑問が生じたとしても、法に対して不満を持った者もその疑問・不満が法において解決されるであろうと予期することが依然として可能である。このように、「予期」し続けることができるのであれば、法的安定性は持続する。(10)

一方、その予期の失敗の結果およびその処理に納得できなければ、法に対する疑問・不満が惹起され、さらにその疑問・不満が解決されるであろうという予期を持つことも、困難になってくる。こうした予期（者）にとって、法的安定性は著しく不確かなものとなる。最終的には、法に対する予期自体がなされなくなるだろう。そのような場合、もはや法は、参照され判断を仰がれる対象でない。このことから、法的安定性の維持は、（失敗した）予期の処理の「適正さ」にかかっているといえる。ここでいう「適正さ」とは、処理の内容の適正さではない。内容の適正さは、その時点での適正さを意味するにすぎず、安定性の維持には、なんら与しない。将来、その適正さが覆された場合、その時点での適正さに対する確信が強ければ強いほど、安定性への疑問は相応して強いものとなるからである。したがって、問題はつぎの点にある。

現時点で予期が成功した場合、それが未来においても成功する保証はない以上、このことは逆に、現時点で失敗した予期が、未来において採用される可能性があるということを意味している。すなわち、つねに別様である可能性（＝偶発性《コンティンゲンツ》）が、この時点での一回的決定による予期の処理の暫定性を未来の変更可能性において補完し、そのことをもって、つねなる現在における法的安定性は可能となるのである。その意味で、成功した予期も失敗した予期も、同等の機能価値を有している。要するに、法的安定性にとって、予期の処理の内容ないし予期の成功／失敗‐区別は意味がない。問題は、「失敗した予期の学習ないし修正が法のもとに適正におこなわれ、今後も適正におこなわれるであろうという予期が保持される」という観念の保持に成功することである。つまり、法的安定性にとって問題なのは（予期の成功／失敗ではなく）、予期の保持の成功／失敗である。

では予期の保持は、どのように維持されるのだろうか。まず第一に、予期の失敗に納得がいき、予期を修正し法の判断を学習する方策が法的に示され、あるいは納得できず、予期の修正が不可能なとき、その判断の修正を可能にする方策が法的に示され、それらの方策が滞りなく作動している場合、法に対する予期の保持は維持される。そのことにより、眼前の結果にかかわらず、恒常的に法を参照しようという動機が確保されうる。

たとえば、判決理由、求刑と判決のズレ、執行猶予の有無、情状の余地などを通してみずからを学習させるというやり方、調停、和解、斡旋などによる納得、金銭による賠償、謝罪など、原状回復を諦め、本来の損害とは別のかたちでの救済を受けいれること、などにより、予期の修正・学習の手助けが法的に用意されていること、あるいは、上訴、不服申立てなど、先行の法的判断の是非を法的に判断する方策が示されていること、これらは、予期の失敗を回復不能な失敗に終わらせず、（すくなくともさしあたりは）引き続き法を参照する動機を形成することができる。

第二に、法と予期とのすりあわせに際して、法の側になんらかの変更がなされる場合、その変更が、予期にとって負担のないかたちでおこなわれること、つまり法の変更をあまり意識させずに、法が変更される場合である。法の構造を維持した法の可変性である——構造的可変性。これは、法が不安定要因に対抗するかたちで「抗事実的」に安定化するとしたこととパラレルな関係にある（本章1(2)bおよび2(1)参照）。すなわち、法はそれ自体として外部の不安定要因に動揺させられることなく、抗事実的に安定化する。他方、法は予期から見れば、（その外観ではなく）内部を（構造を維持しつつ）変化させることにより、外部の不安定要因に対応する。つまり、法がかたちを変えずに柔軟かつ適切に対応すること、あるいは、徹底的に法の現状に定位し、その枠内で法の変更をおこなうことが、「予期の保持」の維持に役立つ。条文に定位しておこなわれる一定の枠内での解釈の変更などは、その典型例といえる。その場合、法に対してなされた予期は、その変更にもかかわらず、予期の大幅な修正を必要とせず、予期は引き続き継続されうるものとなる。それらが、法に対する継続的な予期を可能にする。

逆からいうと、そもそも別様であることの可能性のないところ、したがって変更可能性がないところに、予期が生起しうる余地はない。変更可能なことを危惧し、変更が不可能であったことに安心するという予期ですら、好むと好まざるにかかわらず、変更可能性に基づいている。予期は、それ自体として、つねなる別の偶発的な可能性が予見されるからこそ、あるいは予見されるかぎりにおいて、なされるからである。つまり、（法に対してなされる）予期と法との両者の変更可能性（＝予期の学習可能性と法の構造的可変性）が、予期の可能性を引き続き継続させるのである。こうして、失敗した予期も、このかぎりで、安定的に予期の保持の維持に回収されていく。(11)

(2) 不断の予期

以上の理解から、大きな転換が見て取れる。すなわち、法的安定性は、構造的には法体系全体の問題である。しかし、実際にその安定性が不安定要因に曝され、動揺させられるのは、前述のように、個々の事例によるものである。つまり、法的安定性は、機能的には法体系を動揺させるごとく働く個々の事例に左右されている。すなわち、法的安定性が個々の事例を処理するのではなく、個々の事例が法的安定性を可能にするのである。このことをさらに踏み込んでいえば、「法的安定性が個々の事例を処理する」という外観を呈するその事態は、個々の事例（の処理）により法的安定性が可能となるという法の内的な作動に支えられていることとなる。(12)

安定性の側から見れば、法的安定性は、不安定性を吸収する。逆に、不安定性の側から見れば、不安定性は（法体系の）安定性を構成する。この「吸収」も「構成」も、止まることはなく、つねにそれらは作動しうる。「つねに作動する」ということの背景には、けっして安定状態にならないという含意がある。安定性からすれば、降りかかる事態は法のいかなる想定をも超えて多種多様であろうし、不安定性からすれば、社会の変化や変異のまえに、法はあまりに硬直的であろうからである。

このことから（予期の保持の維持に支えられた）法的安定性は、「つねに作動しうる」という予期がつねに可能であることにより、確保されうる。いうまでもなくこの不断の作動は、潜在的にはともかくも、常時、顕在的に動いているわけではない。ある一定の問題処理能力を法が維持していれば、そのかぎりにおいて、安定性は不動であるかのような外観を呈する。しかし、この外観はそのつど更新されることで安定性を可能にしている。したがって問題は、ことあるたびの迅速な作動であり、その作動に対する予期が「つねに可能」であることが重要なのである。この「可能性」が、法的安定性そのものの可能性である[13]。

さまざまな解釈の技法は、文理解釈はもとより、それが目的論的解釈であれ、利益衡量論であれ、歴史的解釈であれ、はたまた社会学的解釈であれ、そのかぎりで、法の扱うべき問題偏差を説得力を持ったかたちで法のもとに回収する試みであり、それは、「予期の保持」の維持に向かって働く。その維持は、場合によっては解釈にとどまらず（解釈による変更では対応しきれず）、法そのものの更新を、すなわち立法というかたちをとるかもしれない。しかし、その作業も、法的な手続によってなされるであろうという予期を欠いておこなわれることはなく、そのかぎりで法的安定性のもとにある。

一般に「法を可能にするもの」「法の究極にあるもの」は、法自身を超えたレベル、あるいは法の上位に位置するものとしての、人びとの意思、政治、経済等にあるように見えるかもしれない。しかし、法そのものに定位して見るならば、それら法のメタ・レベルに位置するものの存在を必要とするのは、法に対する不断の予期であり、その存在を信じさせている（＝信仰させている）のは、予期の予期、すなわち不断の予期が成就されるであろうという予期、すなわち法的安定性に対する予期なのである。つまり、法的安定性に対する要求が、安定性が「状態」として成立していないことにより、法のメタ・レベルに関する議論に変換されているのである。しかし、現に法が存在する以上、問題にされるべきは、法のメタ・レベルではない。問題は、徹頭徹尾、法の安定性である。

結局、法的安定性は、法的安定性に対する予期を通じて（可能性として）達成されていく。その予期が失敗し、したがって、立て直され続けるがゆえに、安定性として存続するのである。法に言及しようとする人びとは、法的安定性を法の不安定要因により入手するのである。より正確にいえば、不安定要因の安定的処理を別様の処理可能性（＝偶発性《コンティンゲンツ》）において、入手するのである。あらゆる決定は暫定的である。その暫定的一回性が、未来における別様性において、暫定的に安定性を備え持つのである。この暫定性の継続、それが安定性の内実となる[14]。

以上の理解は、本章冒頭で述べたコスモス的世界観に対して重大な異議を提出する。それにとどまらず、さらに進んで不安定要因の積極的評価に繋がるものである。法的安定性が、じつに不安定性に支えられているからである。これは、法をコスモスとして観念すること、つまり、法的安定性から不安定性を議論するという、冒頭で述べたものと正反対の方向である。

出発点はコスモスではない。カオスが出発点であり、カオスがコスモスを可能にする。問題は不安定性であり、不安定性が法的安定性を実現しうる。重要なことは、そのどれもが不断の運動であるということである。コスモスも、法的安定性も、完成態として現実化されることはない。法的安定性は、理念的にのみ存在する安定状態を（目指すのではなく）横目で見据えながら、あるいは脇目もふらずに、ただ、進んでいくだけである。法的安定性とは、不安定性に支えられるこのような運動概念である。

【再定式化】

安定性とは、不安定性に支えられる運動である。

第Ⅳ章　正当性

「法とは何か？（quid jus?）」「法は正当なるがゆえに法である（jus quia justum）。」

法は、その正当性、すなわち内容的な正しさを示すために、つねになんらかの「根拠」を支えとして持つ。法は、それがなにがしかの根拠に支えられ、法自身が正しきもの、正当なるものとして存在することで、社会のさまざまな場で適用される。しかし、さきにも述べたように、さまざまな学問分野で、伝統的な、あるいはこれまで自明の理とされてきた根拠づけの困難が主張されてきた。そのなかで、ある「確定した根拠」を想定することは難しい。自然であれ、理性であれ、正義であれ、一般意志であれ、はたしてそうしたものが存在するかどうか、存在するとしてそれをこの社会においてかくかくしかじかのものとして同定できるかどうか、ということは依然として不確かである。

法の正当性に関し、いま挙げたものの代わりに手続を根拠に据える議論がある。しかし、それが代替物として扱われるかぎり、事態は変わらない。どの手続が（根拠として）適切であるか、という問題は、依然として解決しえないからである。むしろ、「手続」の議論が示しているのは、法の正当性を支える根拠の「適切さ」に関する議論の無力化であり、その意味で、根拠をめぐる問題設定の立て直し、つまり内容から正当性を画定しようとする推論方向の解体である。したがって「手続」の議論においては、「手続によってなにが可能か?」を問うことはできるが、「どの手続が?」という問いは、なされえない。そのかぎりで、ここでもまた「支え」は依然として示されてこない。むしろ手続の議論において根拠は、「示されえないもの」として、扱われている。

だからといって、法に根拠が不必要なわけではない。根拠が、存在そのものおよび内容において不確かであれ、また問題設定において不可視であれ、法は、なにものかを根拠とし、その根拠をもって、正当なるものとして用いられるに資するとされるのである。以下、こうした「根拠」を可能にする社会的機制《メカニズム》を議論する。それは、根拠の「存在」や「内容」に関する議論ではなく、また根拠に関する議論の有効性についての議論でもない。社会のなかで、法を正当なるものとして受け入れることを可能にする根拠なるものが現われ、それが法の根拠として働き、法(とその正当性)を支える、そうした事態を社会現象とし、その機制《メカニズム》を問うものである。

1 外部根拠のアポリア——Non sub rege, sed sub lege——

ギリシア思想が、自己が眺めたものに自己自身が包まれているという意識(すなわち帰依感と観照《テオーリア》との一体）とともに成立していたのに対し、自然法の時代には、法を基礎づける根拠は、つねに法の外部に存した。法は法外部の権威や意志、あるいは「存在」や「自然」、そして人間の本性ないし理性により、その根拠を支えられてきた。このような外部根拠という考え方は、中世神学以来の、創造神の想定にその端を見出すことができる。すなわち、世界の創造神を認めるということは、世界の外側に在る根拠を是認することである。つまり、世界は神の一部ではなく、また神は世界の一部ではない。この外部根拠としての神の布置は、世界の存在根拠の「脱‐世界化」を意味する。すなわち神は、外部に在って世界を創造したのであり、その創造は、世界を対象化するという神の視座の獲得があってはじめて可能となるのである。

一方、デカルトに始まる近代の自我意識の形成は、人間を「自律する個人」として、また世界の秩序を説明しうる主体として位置づける。われわれ人間は、思惟し、解明する能力を有するのである。つまり、「我思う。ゆえに我在り。(cogito ergo sum.)」である。この位置づけから近代合理主義が出発し、近代科学は周知のような展開を見た。

このような理解に立ったとき、人間の位置があきらかになる。人間は、世界を対象とし、その秩序を説明するにあたり、世界の秩序《コスモス》を神の創造によるものとし、それをロゴス化するようになる。いま述べたように、自然法の時代には、法は外部のなんらかの根拠によって基礎づけられていた。このように法を基礎づける外部「根拠」と外部の支えにより基礎づけられる「法」という相互の関係において、法は外部根拠に基礎づけられるものとされ、正当性が与えられる。

この議論には、重大なパラドクスが伏在する。つまり、人間は、秘かに、そして暗黙のうちに、神とともに世界の外側に位置し、世界の外側から世界を眺めている。あたかも神のごとく振る舞うのである。ここに人間は、神をあらゆるものに先立つ存在としながらも、人間みずからが神とともに世界の観察者となっている。あるいは神の創造をも観察する位置（神の神！）に座している。しかし、神こそが創造者であり、第一原因（prima causa）であり、それに対し人間は被造物にすぎない。だから、人間が神の視座ないし、神を超えた視座に位置していることは、議論のうえで隠されている。

こうしたパラドクスの隠蔽は、法をめぐって、いくつか有名な例を挙げることができる。すなわち、平等を宣言しうる特権的な立場、あるいはみずから定めた法の拘束を受けない為政者など、まさに自己の位置を隠蔽することによって、すなわち自己を特権化することによって成り立つ論理である。これらは、純粋に法から見れば（法においてその特権化を規定しないかぎり）、暴力《ゲヴァルト》である。もっとも、暴力《ゲヴァルト》によって成立した法治国家は挙げるにこと欠かない。しかし、それは法を可能にする条件ではあったかもしれないが、ひとたび成立した法を支える根拠にはならない。むしろ、法にとっては（外部の）ノイズであり、（外部の）矛盾である。

したがって、もはやこのような古典的な手法をもって、世界を解明し、また法を根拠づける論理には無理があるといわざるをえない。たとえば、フーコーは、当初、精神病の研究に着手し、自己というテクストの扱いに正面からぶつかった。そこで遭遇した、自己が自己について語ることの困難さから、研究を知の考古学《アルケオロジー》へと展開していったことは有名である。また、われわれが、社会-内-存在（Das In-der Gesellschaft-Sein）であるならば、そうした社会を超え出て社会について語ることの困難さが問われなくてはならないだろう。最近のエコロジー問題および地球規模のリスクの問題は、観察者も同様にリスクにさらされているという意味で、このような自己特権化のうえに成り立つ議論の欺瞞を根本から暴くものである。このようなリスクのまえでは、存在と思惟の同一を、魂の救済を、人間の実存をいかに声高に述べたとしても、それらについてのコミュニケーション可能性の存立そのものが危ぶまれるのである。

以上の考察は、隠された特権的観察者によって可能とされるという点で、外部根拠を形而上学的な観念や表象に求める議論、また外部根拠による基礎づけをおこなう、あらゆる議論に適用される。たとえば、実定法の解釈にあっても、外部にその根拠を求める動向は、散見されるところである。法源、起草者の意図、結果の考量といった実定法解釈上頻繁に用いられる外部要因を根拠として法の決定を基礎づけようとする試みは、その根拠および法そのものに対し特権化された観察者によってのみ可能な作業といえる。つまり、以上のような外部根拠のアポリアのうちに成立する議論である。われわれはまさに叫ばなくてはならない。「王の支配ではなく法の支配を（Non sub rege, sed sub lege）[1]」。

2 法の循環

(1) 法の根拠は法である

では、法はどのような根拠によって基礎づけられるのだろうか。すなわち、法の根拠はなにか。この疑問は、つぎの定式化によって融解（解決ではない！）される。すなわち、「法の根拠は法」である。[2] これは、トートロジーである。トートロジーは解答を与えない。それゆえ、ここで「解決」ではなく「融解」であるといったのは、この問いが、法をめぐる根拠の循環的ループに投げ込まれるという意味である。[3]

この定式化から、前述した外部根拠は、以下のように理解される。すなわち、外部根拠を基礎とすることは、とりあえず「外部根拠」に言及するという法の内部作動としてのみ了解されるということである。その際、外部根拠は法にとって擬制化された根拠（擬制化された自然）であり、根拠そのものではない。すなわち、法は、「根拠」として現われるところのものとして機能するものを法内部のコミュニケーションに用いているにすぎない。

法がなんらかの外部要因を根拠にするといった場合、それが実際《レアル》に根拠に資するかどうかは、ここでは問題ではない。そのような視点は、法には存在しない。重要なのは、かかる「外部要因」が法内部のコミュニケーションにおいて根拠として現われ、また、根拠として扱われているということである。その際、この「〜として」を可能にするのは、「決定」である。ここで「決定」というのは、その「外部要因」を法において根拠に資するものとし、それを根拠として扱うという法自身の「決定」のことを指す。それが法の決定によるものであるということにより、「外部要因」はその根拠性を与えられる。つまり、「外部要因」を根拠として用いることの根拠は法である。

このことをいいかえると、外部要因を根拠にするという問題設定の仕方そのものが間違っていることがわかる。つまり、そもそも外部には根拠はない。根拠は、けっして外部に由来することはない。それは、あくまでも法自身の内部作動の結果である。結局、外部要因は法にとって、つねに捏造された根拠といえる。法の外には法は存在しない。いいかえれば、社会における法のいかなる機能であれ、それは他のどこでもなく、ただ法のなかで知覚されるのである。

理性のヴァリエーションを、また神を持ち出したとしても、それは理性として持ち出した、あるいは神として持ち出したにすぎない。すべては、法のなかに現われる（法外部の事象の）「投映」の内部構成であり、したがって、法内部のコミュニケーション上の産物である。

(2)　法は法である

では、このような循環的な定式化のもとで、「法が法であること」はどのように基礎づけられているであろうか。つまり、合法性を合法とするメカニズムである。

法は、いうまでもなく「規範」である。循環的な定式化によるならば、法が規範的なものである根拠は、法を規範的なものとするという法（規範）であるということになる（後出、一三〇頁以下参照）。その根拠を問い続けると、法の法の法の……という連鎖に、すなわち無限遡行に陥る。この循環性は、法内部における法の階層的基礎づけの構想とは、対極をなす（このことは、第V章で詳しく述べる）。そこには、法に頂点も周辺もない。神の法は、人の手を経て神をも裁く。けっして破ることのできない神の法であるから、それに従う人間は、その法をもって神をも裁きうる。もはや、神は頂点に座しない[4]。憲法改正の動議は、動議の提出そのものをめぐる（議員）規則のレベルにも依存する。そこには憲法を頂点とする階層構造ではなく、憲法をめぐる循環が確認される。

ここに法は、その内容が要求されているのではなく、それが「法である」という形式が要求されている。すなわち、法のこの形式というものは、「現に妥当しているという事実ゆえに妥当する。そうした形式は、根拠づけを自ら引き受けているからこそ、形式的であるといわれる」[5]。結局、法の根拠は（その内容でなく）かかる形式に依拠し、この形式のかぎりにおいて、法は法である。法は循環によって基礎づけられる[6]。

3 合法／不法-コード

こうした理解からすれば、法の正しさは、その時点での「法の決定」の正しさである。その時点での「正しさ」が、あたかも外部的要因によって基礎づけられているかのように説明されるとき、それは、法が「法である」というその時点での決定を基点に、根拠となりうるものを指示しているにすぎない。ベクトルを逆に考えてはならない。その時点で「法である」ということが、循環的形式によって基礎づけられるからである。つまり、法の正しさは、暫定的なものであり、その暫定性の維持と存続が、法の真理性となり、そこにおいて法はつねにその真理性を（法によって循環的に）吟味されている。その意味で、この理解は単なる決定主義とは異なる。

ここでいう「法の決定」とは、「（法は）法であれ」という要請のもとでなされた決定であり、その形式の連鎖（ないし接続）の一断面である。そこでは、「正しい決定（内容）」ではなく、「決定（形式）の正しさ」が問題となる。なぜなら、その決定を可能にする背景ないし外部根拠と内容との一致が問われるのであれば「内容」が問題となろうが、「形式」が問われているのであれば、連鎖のルールが問題となるからである。したがって法とは、法の内容を示すものではなく、合法と不法とを分かつ形式と理解される。ここに「法は法である」というテーゼは、合法／不法-区別のもとにコード化され

る。(7)

　では、このように合法／不法の決定といったとき、かかる「決定」の正しさはどこにあるのだろうか。ここで正しいといった場合、とりあえず、それは合法であることを意味する。なぜなら法は、法を逸脱する決定を法において容認することはできないからである。「決定」が正しければ、その決定は合法である。「決定」が正しくないならば、その決定は不法である。同様に、合法であれば、その決定は正しく、不法であれば、その決定は正しくない。

　「法が法である」ということは、なにが法であるかという問いのもとに理解されるのではなく、法と法でないもの、すなわち合法と不法との区別が、法的におこなわれたということを意味する(8)。くり返しになるが、ここでは、「合法」の内容、「不法」の内容が問題なのではない。その決定に際し、合法／不法-区別が正しく（すなわち法的に）適用されたかどうかが問題なのである。問われているのはあくまでも区別（すなわち「／」にあたる）である。さらに、この（合法／不法-）区別に対する合法性は、同様の仕方で、この（合法／不法-）区別を合法とする区別そのものの合法性をもって問われる。すなわち、この区別の合法性は、合法な区別／不法な区別-区別によって示され、かつその根拠は、その区別（つまり区別の区別）によることとなる。以下、無限に続く。したがって、さきに示した（法の法の法の……という）無限遡行は、以下のように書き換えられる。合法／不法→[合法／不法]／不法→{[合法／不法]／不法}／不法→……。

4　端緒――それ自体は把握できない聖なる本質――
(divinam essentiam per se incomprehensiblem esse)

さて、ひとたび区別を可能にする区別を問い始めれば、それは連鎖し、区別の区別、区別の区別の区別……というように、無限遡行が始まる。では、そもそも、どのようにして第一の合法／不法‐区別が生じたのだろうか。

初めに「なにか」があった。そこから、区別が生じた。それが法としておこなわれたのであれば、それは法のなかに、すなわち合法のうちに生じた区別であり、そこで指示された法は、合法的な法である。その法は、その区別の正しさにおいて、すなわち法によって、説明されなければならない。その際、法は正しいものを選定しているのではない。（合法／不法についてなされた）正しいとされた判断を正しいと（正しく）判断する。あるいは、その正しいとされた判断を正しくないと（正しく）判断をする。つまり過去の正しい判断に対する現在の正しい判断である。その際、基準は法のどこにもありどこにもない。法は、自らが「法的」に下した判断（合法／不法）の正しさ／正しくなさを、その区別そのものの正しさに根拠づける（＝接続する）。この区別への接続が可能であるならば、基準は法のどこにも存在する。しかし、その基準が他の基準との接続を根拠とするのであれば、基準そのものはどこにも存在しない。

区別の端緒は楽園喪失《パラダイス・ロスト》のメタファーに見て取ることができる。[9] すなわち、神は、神であるがゆえに、永遠の命を与えられていたアダムとイヴをエデンの園から追放した。それゆえ死を与えたのである。刑罰は法を前提とする。だから、これは刑罰ではない。楽園には犯罪も刑罰も存在しない。追放は神の権力にその根拠をもつ。ここから最初の区別（＝法）が作動し始める。以降、神の法のまえに、罪を犯した人間は罰せられる／罰せられない。以降、第一の区別が第二の区別に接続可能となる。

したがって、端緒は神である。神は第一原因（prima causa）であり、そこでは、いかなる区別も存在しない。しかし、神は正しさの根拠ではない。もし正しさの根拠であるということを認めるとするならば、同時に不正の根拠でもあることも認めなければならない。そのどちらでもなく、正／不正という人間的区別を超えた存在であり、あくまでも区別の第一原因であり、創造者である。ちょうど、一という基数が、加算されることによって偶数と奇数を作り出すように、[10] 神は端緒である。あらゆる多数性は神の統一に由来する。神は不動の動者（the unmoving mover）として、動くものと動かないものの差異を産出する。

したがって神は、どんな区別をも超えている。可能性と現実性、光と闇、存在と非存在、有と無、平等性と相違性、同一性と差異性、そしてまたすべての可能な区別を超えているのである。[11] このように神は、合法／不法-区別を超えた、区別の端緒である。区別の端緒に区別を見ることはできない。同様に、われわれは「端緒」を見ることはできない――隠れたる神（Deus absconditus）[12]。もし見たとすれば、その観察は外部観察者（＝神の神）によるものとなる。そうではなく、神のおこなった区別を見る――区別は隠れたる神の可視化された姿である（「可視的になった神」Deus sensibilis、「現われたる神」Deus revelatus）。区別は神の縮限（contractio）である。そして法は、神授の法として、合法／不法-区別を展開していく。ここに創造神話の意味がある。すなわち、神は初めに天と地とを創造し、闇と光とを分け、男と女とを造った[13]。したがって、初めに法は存在しなかった――Am Anfang war kein Recht[14]。神による無からの創造（creatio ex nihilo）である。

しかし、こうした端緒を、法は見ることができない。神の視点をも観察する視点を法が採ることはできないからである。法は神を観察することができず、また区別を法の備え持つ性質として外側から観察することもできない[15]。区別は、一貫して法内部の作動によってのみ構成される。それゆえ法は、循環に入り込む。法がおこなっている区別を、法がみずから引き受けているからである。法にあって、端緒とは、それ自体を把握できない本質（essentiam per se incomprehensiblem esse）である[16]。

人間のおこなう区別において、その区別に際し、みずからがおこなった決定の始源（＝根拠の根拠）が、つねに問われ続ける。しかし、その区別の適切さ（＝区別が法に適っているということ）がなんらかの根拠によって確証されることはない。その区別の「決定」を可能にした区別の適切さをもって、せいぜい前提とされるだけである。つまり区別の適切さは、かかる決定の持続時間として、その区別の暫定性の維持・連続として表わされる。依然として、そしてつねに、根拠は遡及されない。ただ、根拠は区別の連鎖のもとに擬制されていくにすぎない。

5 不法の非在

もはやあきらかなように、法が示すものは、合法と不法の区別であり、法そのものの正当さ（非-正当さ）ではない。したがって、法は法を超えてなされる「なぜ」の問いには、本来的に答えることができない。たとえば、理性的であるかどうか、道徳的であるかどうか、社会通念や民意にかなっているかどうか、これらの問いは法それ自体においては扱うことができない問題である。したがって、この合法／不法-コードのもとでは、法は「なぜ人を殺してはいけないか」という問いに対し、「法が定めているから」という循環的な解答を与えることしかできない。「なぜ？」の問いのまえに、法は本来的に法を超えては答えることはできないのである。

合法／不法という正対する二つの極は、それを隔てる区別が正しいという理由から、いつでも交替可能な、機能的に等価な正しき正と正しき不正である。この区別のもとでは、法について語るということは、同時に不法について語ることである。逆に不法について語ることは、法について語ることとなる（ニーチェ『道徳の系譜』における僧侶を想起！）。そもそも法を合法なるものの議論からのみ作り上げることはできない。法が正しきものを表わしているというイメージは、この区別を作動させていないときである。すなわち、ひとたび法を参照する出来事（事例・事件）が起こるやいなや、法は、この区別のもとにその出来事の処理を開始することとなる。そうした出来事が生じていないとき、法は、美しき伽藍として鎮座するかのごとくである。正しきことだけを表わしている法、「価値」として表わされている法、それは法が機能していないときの姿である。

その意味で、法典は、法のリストであると同時に（あるがゆえに）不法のリストである。したがって不法とは、法の裁きのもとにおかれるところの状態の表示である。その状態は、禁止の命令および、それを回復すべく処置をもって述べられる。法において指示される不正は、否定されるべきものとしての位置価値を有する。したがって正しきものへと導かれる途が開かれている。つまり、犯罪は、法が定めた不法であり、したがって法によって、その不法がいかに止揚されるか、ということから述べられるのである。この意味で、法典は法による不法と、法によるその止揚手段のリストということができる。たとえば、人を殺してはいけないという留保をつけたうえで、しかし人を殺した場合の止揚手段のリストである。その場合、殺人の不法性の指摘は、罰せられない殺人（戦争、正当防衛、緊急避難）の可能性（合法な殺人）を、また殺人を犯したうえで課される刑罰を指示する。つまり、してはいけないことを逐一書いているもの、それが法典である。このように不法を指示し列挙しているという意味で、法は不法なるものでもある。これは道徳の授業中に「してはいけないこと」を例示しているのと同様である。そこでは、してはいけないかどうかは問われてはいない。結局、法は法に適った合法／不法‐区別を基礎づける。そして、そこから法に適った法と法に適った不法とが導き出される。この区別のもと、法内部に、本来的に「不法なるもの」は存在しえない。

仮に、革命、敗戦、カタストロフなど、外部暴力によって、法の存在そのものが脅かされる事態を想定する。しかしその場合も、さきにも述べたように、不法は法の論理によって組み立てられ、法の論理から推論された「不法」である。そこには、はたして法の生および存続そのものを根本から脅かすものが存在しうるのだろうか。法そのものに対し、暴力《ゲヴァルト》として働くものは、法／不法‐区別の外側からやってくるものである。したがって、法は、法の生を脅かす存在を認知することができない。

仮に、法を侵すことを至上の喜びとする者がいたとする。彼にとって、法は絶対欠かすことのできない前提といえる。この前提がないと、彼は喜ぶことができない。また、法がないことを願っている犯罪予備者がいるとする。彼は、犯罪を犯したいが、法があるためにためらっているのである。その場合、彼は犯罪が法的不法であることを知っている。そして、法を遵守しようという観念が、彼にそうさせるのである。あるいはいっさいのサンクションを想定し、それを引き受ける用意をもって罪を犯すに至った場合、彼は法の裁きを受けることを覚悟している。彼は法のまえにひれ伏し、法によって裁かれる。結局、どちらの例にあっても、彼らは法的に罰せられる／法的に罰せられない。

以上のように、法に背くいっさいのものは法的に処理され、結局、法の区別は逸脱されない。法／不法-区別は遵守されるのである。「法を守る」ことの意味は、この区別を守ることである。判断すべき対象を合法／不法のどちらかに振り分けることが法であり、いかなる逸脱も、法的に処理されるというその意味において、法はけっして逸脱されることがない。不法は合法な区別による不法である。つまり、合法的不法であり、法が予定している不法である。逆にいえば、法においては、法が予定しえないような不法は存在しない。また法において、悪法なるものそれ自体は存在しない。「悪法も法なり」としてソクラテスがその死をもって守ったものは、悪法ではなく、悪法を法とする法的な（正しき）区別なのである。(17)

人間が、自らの死を見ることはできないように、法もみずからの死（不法による法の破壊）を見ることができない。さらに、人は自分が見ることができないものを見ることができないということを見ることができない。もし「見ることができない」ことが見えるとすれば、それはもはや「見ることのできないもの」ではなくなってしまうからだ。(18)また言語で表わせないものを、言語は発見できるかどうかという問いに対して、言語によって、言語の背後にまわることはできない（Unhintergehbarkeit der Sprache）という有名な回答が与えられる。(19)同様のことを法についても考えることができよう。そもそも、法なるものの体系にあって、いかにして「不法」を発見できるだろうか。法は、法的な産物であるがゆえに、不法を見ることができない。法において、真の不法は存在しえないといえる。

6 法の脱-不完全性

周知のように概念法学は法の無欠缺性（Lückenlosigkeit）ないし自己完結性（Geschlossenheit）を主張する。一方で、スイス民法は法の欠缺を前提とした条文をその冒頭に備え、その場合の補充の手続をあきらかにしている。ところで、法に欠缺がないとはいかなることなのだろうか。あるいは、法がその欠缺を前提としているとは、いかなることなのだろうか。

それ自体として無欠缺を表明する法は、その根拠を無欠缺である法みずからにおいて有する。もし、無欠缺の根拠を外部に持つとすると、それは外部の完全者による支えを必要とする議論となり、法自体の無欠缺を説明するものではない。「無欠缺であるがゆえに無欠缺である。」これは、トートロジーである。一方、欠缺を前提とした法は、それゆえ法自体として欠缺を持ちえない。なぜなら、いかなる欠缺も、法として予定されているからである。しかし、その前提を可能にする根拠およびその根拠の無欠缺性はどこにあるのだろうか。「欠缺を有するがゆえに無欠缺である。」これは、パラドクスである。

どちらのタイプの法にも、その法において「扱いえない事例」というものは存在しない。そもそも、無矛盾ないし没矛盾的に組み上げられた体系のなかで、どうやって矛盾を矛盾として発見するのだろうか。前者において「扱いえない事例」は論理的に存在しえず、後者においては法内部の論理のなかで自動的に補完されうる。どちらも、法内部の作動である。いいかえれば、法の無欠缺を表明する法は、外側から見た場合、無欠缺性を表明するという欠缺を有する。無欠缺が、欠缺という外観を呈するのである。それ自体として欠缺を前提とする法は、外側から見て無欠缺な法である。欠缺が無欠缺という外観を呈するのである。前者においては、無欠缺が内部根拠となり、欠缺とその補充が外部根拠となる。後者においては、欠缺が内部根拠となり、無欠缺が外部根拠となる。結局、どちらも「欠缺」をそのものとして保持することはない。

しかし、このことは法において欠缺がないということを意味しているわけではない。法は、みずからにおいて欠缺があるということも、ないということも発見しえないのである。これは、ゲーデルの不完全性定理（Gödel's incompleteness theorem）に相当する。ゲーデルは一つの体系のなかで証明することも否定することもできない問題の存在を証明した。すなわち「いかなるシステムSも、真であるにもかかわらず決定不能な命題Gを含む」のである。[20]

以上の考察からすれば、法それ自体は、法が基礎づけそれ自体を基礎づけてこなかったということに依拠しているといわざるをえない[21]。つまり、正当であるとされる法は、せいぜいそれがいまだ変更されてはいないという点に依拠しているにすぎないのである。法は現在正当とされる合法／不法-区別の連鎖のなかに、決疑的かつ反省的にあらゆる不安定要因・逸脱を吸収し、また社会の発展に対してそのつど適応しながら、みずからの潜在能力《ポテンシャル》(＝複雑性)を高めていく。さらに、場合によって、法は法の結果を再帰的・循環的に観察することで、この区別を法自身にも振り向ける——自己差異化。すなわち、法は法的に改正される。法は遵守され、かつ変更される。法は、この変更によって、社会の変動を乗り越えるのである。法はいつも「修理中」である。[22]「旧い法として現状にくり込まれてゆくことになるものが、たえず新しく生産される」のである。[23]このようにして法は、法としての統一性を保ちながら、現実に可変的《ヴァリアブル》に対応していく——構造的可変性。[24]法は、みずから進展しゆくシステムである。立法は立法を刺激する。法は改革され続けなければならない——Ecclesia reformata semper est reformanda.[25]欠缺は、法自身の論理の展開のなかで補充されていき、しかしまた創り出される。すなわち、法は、決定しえないものを決定するとき進化する。[26]

この作動は、上から秩序づけられる自然法のそれとは異なり、むしろ「一歩一歩の」手続において作動する。[27]ポストモダンの理論家は、大きな物語の終焉を述べた。それは、大きな物語に代わる「終焉」という(大きな)物語を提示したにすぎない。ここで論じた法の自己差異化を記述する上記の理論は、そのつど代替案を提出する。動態的に自己進化する(＝自己差異化する)大きな物語として、そのつど自己自身へ代替案を出していくことのなかに、法の内部作動による正当性獲得のメカニズムが存するのである。

社会のなかで、法の正当性は以上のような所作をもって可能となる。これはゲーデル的事態を乗り越える法の力動性《ダイナミクス》である。法のこの作動に目を閉ざし、外部的なものによって法を理解し、そのことによって法の正当性を支えようとするのであれば、そうした法の理解は、法を破壊するものとなる。

【再定式化】

正当性とは、法が、そのつど自己自身へ代替案を提出する運動である。

第Ⅴ章　規範性

「不法なる法は法に非ず。」（アウグスティヌス）

本章では、社会における法規範の規範性について論ずる。「この社会において、法が規範として機能している」という事態はいかなる社会現象か、それが以下で扱うテーマとなる。

一般に規範性の問題は、哲学の伝統のなかで真・善・美のような超越的・普遍的な価値との関わりから論じられ、法の規範性は、自然法思想の伝統あるいは法実証主義（ケルゼン）およびそれに由来する法の階層性《ヒエラルヒー》から、つまり上位からの基礎づけをもって議論されてきた。その一方で、われわれの社会が定位する実定法を、法自身が法を決定することによってみずからを可能にしているものと定式化し(1)、その規範性を、並列性《ヘテラルヒー》から理解する理論展開が考えられる。どちらの理論も、それぞれに理論上のアポリアとパラドクスを持つ。問題は、どちらの理論が、ここに掲げた「法の規範性」という問題について、より事態を適切に記述しうるかである。いいかえれば、それぞれが、その理論が有するアポリアをどのように回避し、パラドクスをどのように処理していくかが、問題となってくる。以下、両者を対比させながら、法の規範性を可能にする社会的機制《メカニズム》について論じていく。

1 事実としての規範

ケルゼン以来、法律家は「規範」に関わり、社会学者は「事実」に関わるものとされてきた。この二項は、とりわけヴェーバーにおいて、その「峻別」が問題とされてきた。すなわち、存在《ザイン》と当為《ゾルレン》を「峻別せよ」というテーゼとともに論じられたのである。ここでまず、すぐにわかることは、この「峻別」というテーゼそれ自身が、「峻別せよ」という当為《ゾルレン》命題として提出されているということである。これはパラドクスであり、トートロジーである。このテーゼを述べるものが、このテーゼが述べるところの当のものを免除されているからである。あるいは、峻別を説くこのテーゼがテーゼ自身を峻別しなくてはならないからである。では、この種の困難を抱え持つこのテーゼは、いかようにして可能なのだろうか。

(1) 包摂と循環

この問題には、二つの型の回答が考えられる。

一つは、存在《ザイン》／当為《ゾルレン》区別とは別のどこかに位置する第三者を、特権的ないし超越的な第三者として想定するやり方である。そこには階層的《ヒエラルヒカル》な構造が前提とされる。存在《ザイン》／当為《ゾルレン》-区別を超越的に上位から鳥瞰するのである。みずからは、その区別そのものを免れている。あるいは区別の及ばない場所に位置している。すなわち、存在《ザイン》／当為《ゾルレン》-区別にも、さらにまたその区別によって指示されるところの存在《ザイン》そのものないし当為《ゾルレン》そのものにも属することなく、その区別を超越する存在、ないしは区別を作動させる動力因・区別の創造者としての存在である。上位が下位を包摂するというかたちで、パラドクスは処理ないし隠蔽される。

もう一つは、区別を区別する並列的《ヘテラルヒカル》なものである。すなわち、存在《ザイン》／当為《ゾルレン》-区別そのものを存在《ザイン》／当為《ゾルレン》-区別をもって区別するものである。それは、（存在《ザイン》／当為《ゾルレン》-区別という）存在《ザイン》／（存在《ザイン》／当為《ゾルレン》-区別という）当為《ゾルレン》-区別を導く。もちろん、この（区別の）区別は、さらに区別されることを免れない。ある区別に立脚し、さらにその区別を区別していくという区別の展開がなされることになる。トートロジーの展開である。その際、区別は並列的《ヘテラルヒカル》になされ、また、別種の区別が用いられることはない。したがって予想される事態は、どこかに収斂するといった一方向的な無限遡行ではない。むしろ、存在《ザイン》／当為《ゾルレン》-区別に一貫して定位する閉鎖的循環である。つぎに以上のことを「法は規範の体系である」という言明に対応させる。

（2） 事実／規範‐区別の区別

まず、この言明に事実／規範‐区別をあてはめると、「法は規範の体系である」という事実と、「法は規範の体系であるべき」であるという規範との区別へと至る。区別を超えた超越的第三者は、それを事実として認定する立場をとり、この言明が「事実」であることを示すことができる。すなわち、「法」に関するこの言明を、階層的《ヒエラルヒカル》な構造のなかで上から眺め、それに対し「法は規範の体系である」という「事実」を認めた上位の観察者、あるいは「事実」であるという事態を認定ないし付与しうる上位の権力者の存在として振る舞うことができる。あるいは逆に、この超越的第三者の立場をもって、この言明を「規範」とすることもできる。その際も、やり方はまったく同様である。そのことは、上位者の立場から示される。ここでは、もはや事実／規範‐区別は問題となっていない。問題は、上位／下位‐区別である。

一方、並列的《ヘテラルヒカル》に論じるのであれば、「法は規範の体系である」という言明が、事実に属するか、あるいは規範に属するかが問題となってくる。「規範の体系である」／「規範の体系であれ」‐区別である。あるいは、この区別を「事実／規範」‐事実／「事実／規範」‐規範と記すこともできよう。そして、この区別そのものが（事実／規範‐区別に基づいて）区別されていく。さらに、その区別も区別されなくてはならない――「……ならない！」、と当為・規範である。区別は、区別を連鎖する。区別に立脚する以上、区別し続けなくてはならない。なぜなら、続けることをやめたら、たちまちパラドクスが露呈してしまうからである。区別の言明が、区別を免れている、と。しかし、続けているかぎりパラドクスは露呈しない。先延ばしにされ、したがって区別は展開され続ける。

（3）区別の階層性《ヒエラルヒー》／並列性《ヘテラルヒー》

こうした区別の問題を、階層的《ヒエラルヒカル》に説明するか、並列的《ヘテラルヒカル》に説明するかによって、規範に関する考え方が大きく異なることは、もはやあきらかである。すくなくとも、前者すなわち階層性《ヒエラルヒー》に立脚するのであれば、あらゆる区別の区別性は、上位において超克ないし止揚されている。そこにはさらに上位が、そして最終的には、あらゆるものの、あらゆる区別の頂点に立ち、あらゆる区別を作動させる、すなわち、みずからは動かずすべてを動かす究極者、不動の動者（the unmoving mover）が存在する（ないし存在が仮定される）。つまり、階層性《ヒエラルヒー》は、区別そのものを用いない最高位の位置に、区別の根拠が存在する（ないし区別の根拠の存在を仮定する）という説明原理に立脚する。

逆からいえば、事実／規範-区別、存在／当為-区別は、原《ウア》根拠、第一原因（prima causa）の前にそもそも存在しえない。また階層性の頂点は、区別のない頂点である。初めの頂点であり、区別する／区別しない-という区別を超えたもの、あるいはそれ以前のものである。でなければ、「頂点」それ自体が、すでに区別（頂点／周縁-区別）に基づくことになるからである。[2] したがって階層性は、存在しないものの存在を可能にする「形式」である。まさに「無からの創造（creatio ex nihilo）」である。このようにして、この階層性《ヒエラルヒー》という形式をとる議論は、自然法論であれ、法実証主義であれ、あらゆる区別を超えて、つねに強靭に「根拠」の議論を展開していくことになる。

それに対し、ひとたび並列的《ヘテラルヒカル》な議論から出発するならば、区別（すなわち区別の区別）を中断したとたん、区別しえない区別という自己矛盾が生じ、即座にパラドクスに陥ることはすでに述べたとおりである。それは区別の自己崩壊に至る。したがって、並列的《ヘテラルヒカル》な説明によるならば、つまり区別を揚棄ないし止揚したところの上位に救いを求めるのでないならば、区別し続けるしかない。区別の連続、それ以外に依拠しうるものは想定できない。区別を続ける以外に規範たることは不可能である。こうして規範は、脱-存在（論）化される。区別の区別を連続させることが、規範の辛うじての成立を可能にしているのである。法は、ただ区別することによってのみ規範であり続けられる。

したがって、「法が規範の体系」として成立し続けるためには、二つの選択肢しかない。「区別しない」（階層性《ヒエラルヒー》）か、「区別し続けるか」（並列性《ヘテラルヒー》）である。

引き続き以下では、この社会において「法が規範の体系」であることを出発点とし、それがいかにして可能であるかを論じていく。この出発点を、階層的《ヒエラルヒカル》に説明しようとするのであれば、それは法規範の存在論、法規範の価値性を論ずる伝統的な（法）哲学の議論となる。しかし、並列的《ヘテラルヒカル》に説明するのであれば、その議論は法規範に関する社会学となる。なぜなら、法がこの社会において規範として成立し続けるための機制《メカニズム》を問うことになるからである。いいかえれば、そうした法の規範性の可能な状態（＝社会的な「現象」）を前提としたうえで、それを可能にする社会的原理を解明しようとする試みだからである。それは、とりもなおさず、社会における法規範のリアリティ――すなわち法規範が、この社会における事実的な体験とコミュニケーションのうちに、そのリアリティの基礎を有するということ――の解明であり、法が規範性を有するという、社会におけるリアルな体験の解明である。したがって問題は、規範／事実の峻別ではない。規範／事実-区別を展開し続けるという、つまり区別し続けるという意味において成立する「事実としての規範」の解明である。よくいわれる「社会学は規範ではなく事実を問題にする」との定式化は、法社会学において、このように理解される。

2　法妥当の形式

(1) 階層的《ヒエラルヒカル》な妥当／並列的《ヘテラルヒカル》な妥当

階層性《ヒエラルヒー》の議論においては、階層性《ヒエラルヒー》そのものが世界の存在論的理解に支えられているとされる。まさに、類と種に分類された存在の宇宙（Essenzenkosmos）である。自然法論によれば、（実定）法は自然法に対応する場合にのみ妥当性を持つとされ、また法実証主義（ケルゼン）によれば、（実定）法の（内容ではなく）客観的妥当性は根本規範から導かれる。いずれにせよ妥当が、階層性《ヒエラルヒー》に、すなわちより高いレベルでの規範的価値の付与に、支えられている。

もっとも法実証主義による場合、妥当性は内容的・内因的価値を持つものではない。それは、ケルゼンの「根本規範」が自然法と実定法との内容上の対応を問題にしていないことに際だって象徴されている。さらに、ハートの「承認の第二次的ルール」も同様である。ケルゼンおよびハートの議論は、法規の妥当を規制する規則、すなわちメタ・レベルの規則を問題にしている。このことによって、法実証主義は、階層性《ヒエラルヒー》の頂点の内容を、つまり頂点／周縁-区別の内容を見なくてすむようにしている。問題は、規則の妥当性（内容）ではなく、規則の妥当を規制する規則（形式）だからである。法実証主義は、このようにして頂点の内容に関する議論を免れているのである。この脱出口をとるかぎり、妥当の問題は、「妥当している法は妥当である」というトートロジカルな言明のなかに表わされざるをえない。つまり並列的《ヘテラルヒカル》な記述に頼らざるをえない。なぜなら、法が妥当しているか妥当していないかを決定する当の規則の妥当性が、（内容的に）妥当している（とされる）規則から導かれるわけではないからである。「妥当しているもの」を求めて、あくまでも階層性《ヒエラルヒー》に定位するなら、ふたたび、区別しえない頂点、区別の彼方を目指すか、あるいは法の外側に基礎（別の階層性？ 階層性の階層性？）を求めて飛び出すか、である。前者をとれば、問題はくり返される。後者をとれば、階層性は崩壊する。また、この（規則の妥当を規制する）規則によって階層性《ヒエラルヒー》を徹底するならば、規則そのものに階層性《ヒエラルヒー》を持ち込まないかぎり、ときとして、最下位のものが最上位のものを規制する。場合によっては覆すことすら可能となる——もつれた階層（tangled hierarchy）[3]。すなわち、憲法は憲法（の実体的意味）を「超える」ような改正を憲法的に（つまり、憲法の定める改正手続にしたがうという形式によって）おこなうことが可能か、という周知の憲法改正の限界に関するポレミカルな問題に繋がる。

一方、並列的《ヘテラルヒカル》な説明は、法の妥当を、形式として、シンボルとして扱う。すなわち、「妥当というシンボルが、それを妥当するものとして指し示されている場合にだけ」[4]法は妥当する。そこでは、妥当する法が、合法／不法-区別を妥当的に決定しうる。なぜなら、妥当する法として妥当しているからである。個々の出来事は規範から見て同調的／逸脱的-出来事として、妥当というシンボルのもと、妥当的に結合される。逆にいえば、妥当というシンボルが、あらゆる出来事を、法との関係において（合法／不法なるものとして）結合可能なものとするのである。この結合は、妥当している法からのみ発せられる。非妥当は結合をもたらさない。妥当しない法は、法そのものとして存立しえない。

したがって、「法が妥当している」という事態（事実）は、妥当状態の継続的な持続を拠り所としている。[5]妥当していない法は法ではありえず、同時に、あらゆる法は妥当している。このことから、この事態（事実）を、いかなる法も法であるからには妥当しなくてはならない、という要請（規範）として記述することも可能である。

(2) 妥当状態の持続

では、妥当状態の継続的な持続とは、いかなるものであろうか。「妥当」というからには、つねに妥当し続けなくてはならない。並列的《ヘテラルヒカル》な理解に立つならば、「法が妥当する」という言明そのものが、つねに妥当しているかどうか（つまり妥当し続けているかどうか）吟味されなくてはならない。[6] つまり、合法／不法-区別の妥当性が、妥当するか妥当しないか、つねに確認されなくてはならない。このことは、合法／不法-区別の妥当性が妥当だと確認される（さらにその妥当性が妥当だと確認される、さらにその妥当性が……）という妥当の積み重ね以上のことを示す。

まず、この最初の合法／不法-区別は、そのつどの決定内容の妥当性の判断によるものである。引き続き、その内容に対する判断の妥当性（＝区別の妥当性）が、そのつどの現在において妥当であるか否か、という問題へと繋がっていく。すなわち、現在において妥当とされる区別の妥当／非妥当-区別である。ここで、現在においても判断の妥当性が妥当とされるならば、それはつねに妥当なものとして現在において在る。逆に妥当でないとすれば、その当時の非妥当な判断によって妥当とされたものは、法的な手続をもって妥当なものに再度変更されなくてはならない。なぜなら、法規範の体系のなかに、非妥当なものを放置しておくことはできないからである。くり返していうならば、法は非妥当なものとしては存在しえず、変更によって妥当なものとして、つねに現在に在るのである。

たとえば先行の区別において、合法とされたものが不法として、逆に不法とされたものが合法として法に則った形式を通して再度位置づけられることもあろう。先の決定を否定決定する、その（否定）決定に対して法的な形式によって妥当性を付与する変更である。あるいは、区別を妥当とした決定を否定し、その妥当決定を変更する新たな決定が法的な形式を通じて導き出されることもあろう。ただし、ここで問題になっているのは、決定の内容に対する変更ではない。問題は、決定の変更が法的な形式を通して妥当性を獲得したということである。あらたな決定にも、依然として、妥当であるとされた今回の決定が将来において変更される可能性を排除することはできないからである。決定において、冤罪の可能性、誤審の可能性、（とりわけ下級審の場合には）決定が将来にわたって覆される可能性がつねにある。

ここに、妥当を妥当ならしめる作動の連鎖が浮かび上がってくる。これは、決定の（内容上の）妥当性に対する（形式上の）妥当性を問うということから、一見メタ・レベルの規則を問題にする前述の階層性《ヒエラルヒー》による理解と同様なものととらえられるかもしれない。しかし、ここで扱われているのは、階層性《ヒエラルヒー》ではない。内容上の合法／不法-区別の妥当性／非妥当性を、形式のレベルでつねに妥当なものへと変換していく接続のメカニズムである。[7] こうして、法の妥当状態が継続的に維持されかつ変更されていく。[8]

以上のプロセスは、法に法としての統一をもたらす。ここに、「法は妥当する」という事実と「法は妥当しなくてはならない」という規範が、「妥当している法は法である」という一つの定式化のもとに収斂する。すなわち、「（現在における）妥当」というシンボルのもと、事実と規範は時制化される。法は可変的なマシンとして、法が妥当してきたという事態（事実）と、法が妥当すべきであるという要請（規範）のもと、つねなる現時点での妥当状態を継続的に維持するプロセスを展開するからである。[9] 社会において、法が妥当するものとして存在し、かつ妥当するということが体験されうるのは、つまり、法が規範的だと考えられるのは、より上位の規範に支えられているからではない。社会における法妥当のこのリアルなプロセスによってである。[10]

3 法的決定を通しての規範性

(1) 法的決定

法が機能するのは、法体系が法典として鎮座しているときではない。具体的な出来事の処理において、引用されたときである。その意味で法は、参照され、引用されることでリアリティを持つ。[11] このリアリティは、参照され、引用される内容の適切さゆえにもたらされるものではない。参照・引用することが可能であるという形式によってもたらされる。つまり、法を参照し、引用することがいかなる場合にあってもつねに可能であるという形式であり、この参照・引用をもって、ある事態が、法に適っているかどうかの決定がなされるということである。ここで可能なのは、「決定がなされうる」ということだけである。その決定は、法である（＝不法でない）法を参照し、引用するかぎりにおいて法に適っているといえる。法は法であり、不法でないからである。

このようにして、法はつねに参照され、引用される。そして、法的決定がなされる際、それが「正当に」おこなわれることが予期されている。より正確には、「正当なもの」と理解されるであろうことがおこなわれるということが、予期されている。しかし、前節で述べたように法は誤った（＝後に変更される）仕方で用いられるかもしれず、さらにそこから不本意な法的決定がなされるかもしれない。また決定は、時代、場所、背景など、さまざまな要因から、さまざまなかたちでなされるだろうし、もろもろの決定に際して、決定の内容についてそれぞれの当事者がさまざまな予期を投げかけるであろう。こうした多様性、別様の可能性にあって、すべての人の法的決定に対する予期が共通に満たされることは、けっしてありえない。ある人にとって「正当」と映る決定は、他の人にとって「不当」な決定である。一方で、法的決定は適法と理解され、他方で、同じ法的決定が非適法と理解されるのである。それぞれの側にとって、法の規範性は維持される／維持されない。そして、どちらの側に立つ人も、同一の社会の成員である。ここで、正当／不当-区別、適法／非適法-区別を法の規範性のもとに回収する必要がでてくる。法は予期がはずれた場合でも、規範として安定的に保たれていなくてはならないからである。そうでなければ、法は法として、つまり規範は規範として、機能しなくなる。(12)

(2)　法としての統一《まとまり》

そこで、法は法としての統一を保つために、区別の区別を用いる。合法／不法という区別の決定そのものが法に適っているかどうか、という区別である。当然、合法／不法-区別は、法に適ってなされたことが前提とされる。つまり、「法的に区別しなければならない」という規範（当為命題）のもとで区別がおこなわれることとなる。この規範が法的決定の規範性を可能にする。法の内容上の区別である合法／不法-区別の「／」にあたる部分の合法性の規範性、つまり形式の合法性の規範性が法的決定の規範性を支える。

それは、内容の規範性ではなく、形式の規範性である。ただし、形式の規範性の内容ではない。形式の規範性の形式である。この形式を規範的に受け入れることが、「法に従う」ということの（形式／内容を超えた）実質的な意味であり、法の規範性そのものである。したがって、この形式の持つ規範性（「法的に区別しなければならない」）ゆえに「法に従わなくてはならない」のである。予期がはずれても、法的決定の規範性に対する予期がはずれることはない。ここに、法／不法-区別は、（法的）法／（法的）不法-区別として表わされることになる。どちらも「法」であり、「不法」ではない。

こうして、法／不法という対の対称性は崩れ、法の側から法および不法を眺めることになる。法のおこなう区別は、法的決定である。法は、法／不法を法的に区別する法として、すなわち、（法的）法／（法的）不法を区別する法として貫徹される。法の機能は、このように法的不法以前の、いうならば非法的不法を法的不法に書き換えることである。非法的不法が法的不法に順調に「書き換え続けられる」ことを予期しうるかぎりにおいて、法は信頼するにたるものとなる。その意味で、法は逸脱を（法の側に）吸収する装置である。すべてが法のもとに語られるからである。

しかし、内容上の不法そのものは、依然として残る。そもそも、法的な不法というものは、それ自体パラドクスである。なぜなら、法が（内容上の）不法を備え持つなどということは、法的には矛盾だからである。このパラドクスは法的に展開（＝解消）されなければならない。すなわち、法をもって法的不法の内容上の不法性を棄却することが必要となる。そこで、法的な（内容上の）不法性は合法性に向けて脱‐パラドクス化されることになる。その結果、内容はもはや意味をもたない。例を挙げよう。法治国家では、殺人、攻撃、侵害、強制が、そのものとしてつねに不法であるとはいえない。（死刑制度のもとでは）他人の生命を奪った者は生命を奪われ、武力による攻撃は、武力によって制される。他人の権利を侵害した者は権利を剝奪され、債務不履行者は差し押えられる。戦争、投獄、執行が非道だとされることはあれ、不法だという者はいない。問題は移される。不法的な殺人、攻撃、侵害、強制が問題であり、法的な殺人、攻撃、侵害、強制は問題ではないということになる。つまり、殺人、攻撃、侵害、強制の法／不法が問題なのではなく、法／不法の殺人、攻撃、侵害、強制が問題だということになる。内容が問題なのではなく、形式が問題なのである。価値ではなく区別が、同一性ではなく差異が、問題なのである。こうして法的な（内容上の）不法は、脱‐パラドクス化される。すなわち、法／不法‐区別を可能にする法的な区別、つまり「／」が問題となる。もはや、法的な「／」、すなわち法による決定・条件づけだけが必須である。法（的区別）は不法をおこなわない。こうして、われわれは不法な私刑《リンチ》や復讐や自力救済に頼らず、法に裁きを求め、法に従うことができるようになる。つまり、(合)法／不法-区別の含意するところのものは、法(規範)が(法)規範であるがゆえに、区別の内容から区別の形式へ、区別の形式から区別そのものへと展開する。このことにより、すべてが法に服する。これをさらに別の表現を用いて一般化すると、以下のようになる。

まず、内容上の法／不法-区別は、法の側に非対称化され、法的合法／法的不法-区別とされる。それは、内容上の区別が(法という)形式の区別のもとに、配置しなおされるということであり、そのことにより、かかる法的区別はふたたび対称化されうる。非対称性を形式のレベルで止揚することで、ふたたび法／不法という(形式上の)対称性を獲得するのである。そこではもはや内容は問題ではない。さらに、その対称性は、かかる形式のレベルで非対称化される。すなわち、対称性の両翼が、それを可能にする区別の側に非対称化される。ここでは、この区別が法的になされたことのみが意義を持つ。こうして、あらゆるものが法による決定・条件づけによってのみ、可能とされるのである。それ以外は、ありえない。(13)

以上から、法の規範性は、法的決定から調達されていることがわかる。法的決定によって、あらゆる事象を法に内属させることが問題となっているのである。法として説明されるやいなや、その内容は問われない。法は内容ではなく、法的決定によってのみ法となる。

4　未完の法規範

(1)　法的決定の恣意性

このように法は、自己によって自己を規制する。つまり、法は法を規制するいかなる外的基準も上位の規範も必要としない。したがって、法を規制する法的手続に則っているかぎり、すべてが法的である、という結論に至る。このことから、いかなる恣意も法的なプロセスを通して正当化されうる可能性が危惧されることとなる。

永遠に変化しない自然法から見れば、変更可能な法として存在する実定法は、恣意的な法として理解されうる。時空を超えた永遠の真理に導かれることなく、状況適合的・コンテクスト依存的にみずからを変更しうる法であるからである。同様に、人の手に依らない自然法に対し、人の手に依るところの実定法は人為的と解されうる。

ここで問題は、神意に依るもの／人の手に依るものという区別が、恣意的でない／恣意的であるという区別に対応しているかどうかである。前者の場合、法の普遍性は、神の意志ないし自然に支えられている。後者の場合、それは法の変動を法自身の定めるところの規範によって遂行するという手続の適法性によって支えられている。いいかえれば、自然法は内容の不変性に支えられ、実定法は「手続に依る」という手続（＝手続の手続）の不変性に支えられている。手続そのものは、たしかに変更されうるが、「手続に依る」という手続は変更されない。したがって、前者は、その内容において恣意性が排除されることが、後者は、その形式において恣意性が排除されることが目論まれている。逆から見て、このことは、前者は形式において恣意性が働き、後者は内容において恣意性が働く余地があることを示している。つまり、自然法のもとでは内容に則ったかたちで手続的に内容を破壊することが、実定法のもとでは手続に則ったかたちで内容的に手続を破壊することが可能となるのである。神の意志・摂理は人の手によって恣意的に（神の意志として）適応される――中世の教会支配。手続は恣意的に（正統な手続をもって）無化される――ナチズムの台頭。社会において、とりあえずはどちらも恣意性を完全には排除しえていない。

恣意性は、とりもなおさず、（法的）決定における恣意性である。階層性《ヒエラルヒー》による理解からいえば、決定は内容の一致が問題とされる。並列性《ヘテラルヒー》による理解からいえば、決定は形式の一致が問題とされる。前者は、正しさとの一致（正しきものとの内容上の一致）を問い、後者は、法命題ないしは条文との一致（正しき内容を持つとされるものとの形式上の一致）を問う。そのうえで決定がおこなわれる。ただし、いま述べたように、どちらにおいても恣意性は排除されていない。こうした恣意性を、階層性《ヒエラルヒー》および並列性《ヘテラルヒー》は、それぞれどのような仕方で処理しているだろうか。

階層性《ヒエラルヒー》によるならば、人の手によるこの世的な決定に完全性は求められていない。不完全さは、完全なるもののもとに吸収される。人間は罪人であり、かつ（信仰を表明することで）救済されるのである。法を仰ぐこと、遵守すること、法の決定に従うことが、不完全性を完全性に変換する秘儀である。悪法も法である。ソクラテスの魂は永遠の領域に達する。

それに対し並列性《ヘテラルヒー》は、変更可能性がその機能を担う。法的になされた不完全な決定は、その決定を法的に修正することを通じて、完全な決定へと変換されうるのである。ただし、その決定もけっして「完全」ではありえないし、「より完全」なものでもありえない。ただ、一度の決定において指摘された当の不完全さが補完されたにすぎない――いうまでもなく、それも不完全な補完である。あらたな不完全さが、つねに思念され、かつそれが補完されうることが思念される、不断のプロセスである。

どちらの場合も、そのつどの決定は、未来にさらされる。それらは、現在において、すでに未来のパースペクティヴへと向かわなければならない。そしてとりもなおさず、未来において偶発的な状況にさらされるであろう、現在においてなされた決定の未来における正／否は、現在において問うべくもない[14]。このようにして、現在における未来／未来における現在‐差異が、現在の決定にのしかかってくる。法律は、未来に目を向けるが、しかし過去には目を向けない（Lēx prōspicit, nōn respicit.）。階層性《ヒエラルヒー》によるならば、この差異は、達成されうる状態／達成されなかった状態‐差異として、「目的」という名称のもとに吸収される。あるいは隠蔽される。つまり、「達成されるべき未来」が想定されている[15]。並列性《ヘテラルヒー》の議論は、達成されうる状態／達成されなかった状態という区別自体を区別する。

つまり、階層性《ヒエラルヒー》の議論における、達成されうる／達成されえなかった‐区別は、未来においていつかは達成されうるであろうことが前提となっている。一方、並列性《ヘテラルヒー》の議論は、達成されるであろう未来に対し、けっして達成されることのない未来、すなわち「つねなる未完」を想定する。前者がコスモスとしての世界・秩序ある世界（ないし社会）を想定しているのに対し、後者はリスク社会・複雑な（一義的に決定できない）社会を想定している。未来における現在は、現在において予定している未来とは別様のものであるかもしれないという状況が、つねにリスクとして現在にのしかかっているのである。

(2) リスク

この「リスク」という概念は、決定と未来との関係に、ある変更を生じさせる。すなわち、「決定」とは、基本的に未来に対してなされるものである。そして、その決定は、つねにそのつど最善・最高と判断された内容を持つはずである。しかし、「その時点」での、すなわち、そのつどの「現在」での最高の決定は、未来において、なんら「最高」を保証するものではない。そのつどの「現在」における判断以上のことを、決定することはできない。しかし、その決定は未来を拘束する。と同時に決定は、つねにこうした未来に対する決定不能性という事態にさらされている。だからといって決定を放棄するわけにはいかない。決定は、つねになされなければならない。(16)

このようにリスクに定位するかぎり、「目標」はけっして想定されえない。未来から現在を規定することなど、到底できはしない。並列的《ヘテラルヒカル》な理解による決定にとって可能なのは、未来へ向けての現在における法的決定である。ここでいう決定とは、合法と不法とを区分するその区別の合法性を条件づけることである。その時点における合法／不法‐判断を基礎づける条件を、効力あるものとして未来に投げかけるのである。それは、現在においてなしうる最高の判断によってもたらされた条件づけである。ただし、その最高の判断決定に対して、それが現時点においていかに優れたものであれ、時間の経緯のなかで、別様の決定の選択可能性が即座に惹起されることとなる。さらによい（とされる）決定の選択肢が示唆される。その際、その選択肢を採用することも却下することも可能である。いずれにせよ、さらなる条件づけ（＝現在の決定を維持する／破棄する）が未来に向けて採択される。そして、時間の経緯のなかで別様の決定可能性が……以下、同様に続いていく。

このようにして、現在における未来／未来における現在‐差異が、別様の決定をする／しない‐という区別のもと、現在において作動し始める。いかなる決定がなされようとも、別様性は回避されえない。ここにおいて、別様の決定をする／しない‐差異が、現在の決定に吸収されることはない。継続するそのつどの現在において差異は連続し、区別はさらなる区別と連鎖する。依然として／だからこそ、「つねなる未完」である。つねに創造の途上なのである。[17]

こうして「法的決定」は、すくなくともつぎの法的決定をもって、（さらなる条件づけが）変更されるまでは効力を持つ。効力がある間、決定は法である。決定は決定を連鎖し、現在の法は（場合によっては過去の法を不法とすることで）つねに法である。法は、現在の決定に鑑み、いわば有効期限のかぎりにおいて（その期限をつねに延長することで）、規範力を発揮しうる。永遠の秩序からなるコスモスから見るならば、現在は不法状態・逸脱状態である。神義論的問題である。すなわち、神はこの世の悪の存在を許しているのか？ 法はコスモス状態から見た逸脱の矯正装置としてのみ働くことになる。（そこにある）法の規範性は（向こう側の）権威に依る。

自然法、歴史の発展法則、根本規範、目的、どれであっても事態は同じである。それらにあって、予想されえない未来は想定されていない。どの現在においても、思念されているのはつねに到達すべき未来（＝理想状態）である。現在は、つねに矯正・修正にさらされている。並列《ヘテラルヒー》性によるならば、各々の現在の条件づけは、そのつどの未来を開く。未来の未規定性を現在において最大限に問題化しようとする現在が連続する。未来は、このようにあるべきものでも、このようになるものでもなく、そのつどの決定によって「これ以外でもありうる」偶発的な出来事として理解されるのである。それは、必然でも偶然でも、絶対でも相対でもない。終わりなきプロセス、未完のプロセスである(18)。

（3） 未来における規範

いま述べた、未来との関わりにおいて目標が、すなわち達成されるべき未来が想定されている階層性《ヒエラルヒー》の議論は、恣意性の問題を永遠の秩序からなるコスモスのもとに回収する。並列性《ヘテラルヒー》の議論は、変更可能性に支えられた決定連鎖のプロセスが、未来に向けてけっして任意に展開しうるものではないということによってかかる問題を解消しようとする。すなわち法的決定の現在に際し、（その持ち込み方が恣意的であるにせよ）あらゆる材料を最大限もちこんで、要素として議論する可能性を確保することを旨とするのである。決定に際してよく用いられる「法源」、「起草者の意図」などは、始源《アルケー》として、つまり時空を超えて原初からやってくるのではない。また、「理想郷《ユートピア》」が未来から現在に導きの手を差しのべてくるのではない。未来は、ここに脱-イデオロギー化される。われわれは、現在を一歩ずつ歩んで行くにすぎない。彼岸の論理を此岸において想定することはできても、彼岸の論理をもって此岸から此岸を語ることはできない。人は神を語ることはあっても、神の代わりに語ってはならない。未来は、現在の未来として想定されるものを過去の蓄積から導き出すことによって、現在の決定に際して勘案される、そのかぎりでの未来である。このようにして、社会通念、政治状況、国際情勢など、さらに「目的」さえも、すべて同様に現時点における法的決定の要素となりうる。それらを決定に際して、最大限利用するのである。そのつどの現在において、現時点での法的決定を既存の法と結びつけ、すなわち、過去の蓄積をあたかも以前から法として存在していたかのように現在に読み込むことで、[19] それらを現在において構成し、現在における決定を未来に向けて下すのである。

　これらのことすべてが、つねなる現在における最高の決定を可能にする。そのつど最高の決定がなされること、それゆえ不完全決定がつねに更新され続けられていくこと、このことをもって恣意性は最大限に排除されうる。現在においてのみ未来を問うことができること、現在を超えて未来を問うことはできないこと、これらのことを前提とした規範（の現在性）のもとに、未来を条件づける決定を展開し続けていくこと、このことをもって、法には未来において規範として機能する潜勢力《ポテンシャル》が与えられている。それが現在において想定されるところの、未来における法の規範性である。

5 社会のなかの法規範

法の規範性を、冒頭で述べたように、事実としての規範という観点から、つまり、法がこの社会において規範として機能しているというリアルな体験から分析しようとするならば、並列性《ヘテラルヒー》による説明の方が、より事態を適切に描写すると思われる。それに対し階層性《ヒエラルヒー》による説明は、「社会に存在していない外部」あるいは「社会に対して超越的に存在する外部」を措定することによる社会のコントロールという構成をとる。この構成と、法が規範性をもってわれわれの社会で機能しているリアルな実感との間には、それ相応の距離がある。いいかえれば、階層性《ヒエラルヒー》はそのものとして、われわれの社会における体験を超えて出るところの多くのものによって支えられているといえる。このことを突き詰めると、階層性《ヒエラルヒー》による説明は、理念、世界観、あるいはイデオロギーないし政治の領域に関する問題という法外部のものを、法の内側に取り込もうとする高度な恣意性に基づくものと推測される。

そこでは、この社会において機能している法が――外部の規範（ないしそれと同等の機能を有するもの）に照らし合わされることを通じ――、なにごとかを補なわれるべきものとして、反省されるべき材料として、否定ないし批判の対象として扱われる。しかし、このような否定ないし批判を通じて、なにごとかを論じるという手法は、否定・批判の対象となる当のものの存在によってのみその論理構造を可能にするという寄生的《パラサイト》なアポリアを理論の内部に持つ。否定されるものを前提とする肯定の体系である。否定されるべき当のものを備え持つ肯定的理論体系、よりラディカルにいうならば、矛盾を基礎に持つ矛盾なき理論体系は、はたして可能だろうか(20)。それは、理論そのものがパラドキシカルに作り上げられていることを意味する。したがって、そのパラドクスをなんらかのかたちで解消するメカニズムをみずからのうちに備え持たなくてはならない。パラドクスは解消されなくてはならない。階層性《ヒエラルヒー》に支えられる理論は、その解消の宛先を、この社会のなかにも、いわんやこの社会のなかで機能している法規範のなかにも持っていない(21)。

途は二つである。すなわち、法みずからの規範性に関する議論をおこなう際、片方の足を法の内（あるいは「こちらの法」）に、もう一方の足を法の外（あるいは「あちらの法」）に置き、歩いていくか――そのとき心身といわずとも頭と胴体はどこにあるというのか？――、もう一つは、一歩一歩、手探りで法のなかをひたすら歩んでいくか、である。前者は、法みずからの規範性に関する議論をおこなう際、一方で社会に存する法を、他方で社会の法の外を参照していくものである。そのためには、その二つを統括的に制御しうる立場が暗黙のうちに用意されなくてはならない。ただし、その正体も位置も「社会」のなかで見つけることはできず、さらに社会の外部において同定されうるかどうかもあきらかではない。後者は、社会において機能する法の内部で、さらなる規範の規範化を展開していくものである。その際、社会に対して、未来への問いはオープンにされたままとなる。人は、そして社会は、未来を知りえないからである。この「知りえない未来」というものは、社会におけるリアルな体験である。

本章の冒頭で述べたように、問題は「事実としての規範」、すなわち、この社会にあって法が規範として規範性をもって機能しているという、われわれのリアルな体験の解明である。階層性《ヒエラルヒー》による説明では、こうした事態は適切にとらえられない。あるいはとらえる視座そのものが当初から用意されていない。したがって、社会に存し、社会で機能し、社会において可能とされている「法」を問題にするかぎり、それは並列的《ヘテラルキカル》な議論を採ることになる。規範性は、区別を区別し続けることによって、すなわち規範を規範化し続けることによって、可能になるのである。

【再定式化】

規範性とは、規範を規範化する運動である。

第Ⅵ章　体系性

「すべての法制度および法的規律がそれに結びついて大きな一つの統一体をなしている内的連関」

（Savigny, *System des heutigen römischen Rechts*, Bd.1, 1840, S.214.）

一般に法は、法全体を総称して、法体系という呼び方をされる。あるいは法は体系的であるとされる。法が体系である、あるいは法が体系的である、とはいったいいかなる事態なのであろうか。[1]

わが国の法律学は、スコラ学的概念法学による条文解釈に始まる。そこに見られる実定法一元主義は、法体系の「無欠缺性」（Lückenlosigkeit）ないし「自己完結性」（Geschlossenheit）を前提とし、法の体系化――すなわち分析によって獲得されたすべての法命題を相互に関係づけて、それらが相互に論理的に明瞭な・それ自体のなかに矛盾を含まない・とりわけ原理的に欠缺のない規則の体系を構成すること――を通じ、法体系の論理的完結性のドグマを前提とする。[2]

1 自己完結性

このように法の体系性は、法の自己完結性をもって理解される。自己完結性とは、法体系が論理的に閉じられた構造を有していることを表わす。それは問題の解決に際して、法が、(1)基本的に法の外部、すなわち法以外のものを参照することがないこと——自己完結性、(2)法自身をもって、すなわち法内部で問題の処理を貫徹すること——自己完結性の徹底——を意味する。以下、分けて論じる。

(1) 法の自己完結性

法は、われわれが生活する社会において生じたもろもろの出来事を、法的問題として扱い、そのかぎりにおいて法的に処理する。すなわち、この社会で生じたあらゆる出来事は、法において法的コンテクストに読み換えられ、その枠内で処理される。しかし、出来事それ自体は、あくまでも社会のなかの出来事であり、法の内部に生ずるものではない。社会的な諸要素が法に持ち込まれることによって、法的問題として、法において処理される。この意味において、法は外部の出来事に対して「開いて」いる。これを開放性という。

一方このことを、法内部において見てみる。法は、法的な論理をもって構成されており、法以外の論理をもって出来事を記述することは原理的にできない。いかなる出来事も法的な論理と法的コンテクストにおいてのみ記述される。したがって、法は法外部のものを、そのものとして記述することはできず、あくまでも法的なにものかとして記述するにとどまる。そこでは、すべてのものが法的要素を用いて記述され、法の論理によって構成される。その意味で、法は、法を構成する諸要素および論理において、法的に「閉じて」いる。これを閉鎖性という[3]。

法の自己完結性といった場合、この開放性と閉鎖性の両者が同時に表わされている。なぜなら、開放性だけでは、法は法としてつねに社会的問題に振り回され、その場その場でアド・ホックに反応するだけである。法は法として自立・自律しえない。一方、閉鎖性だけでは、社会的出来事に対処する能力をなんら有しえない。したがって法においては、問題の知覚において、いわば触覚を伸ばすように開いているものが、その処理において、論理的に閉じられている。法の自己完結性とは、その意味で、過去分詞としての「閉鎖性＝閉じられていること」(Geschlossenheit)を表わしている。法の外部を参照しない、すなわち法以外のものを参照しない、ということは、このように開いているものが閉じられることによって、外部の処理に際して法内部の論理に定位することを意味している[4]。

(2) 自己完結性の徹底

いま見たように、法内部の論理は問題の解決に際して、法自身をもって、したがって法の内部に定位し、そのなかでのみで問題の処理を遂行する。すなわち、法の自己完結性が徹底される。いわゆる「法の貫徹」(Die Durchsetzung des Rechts) である。ここで、この自己完結性の徹底を、規範のメタ・レベルを巧みに利用したケルゼンの法段階説およびハートの第一次的ルールと第二次的ルールの議論を借りて、考察する。

ケルゼンは下位に法律行為・判決を、その上位に法律を、さらにその上位に憲法を最高規範として位置づける。くわえて、最高規範たる憲法を基礎づける「根本規範」なるものを措定する。またハートは、人びとの行動を律する第一次的ルールと、その規範の承認に関わる第二次的ルールとの二階建ての論理を展開する。この根本規範および第二次的ルールは、規範の内容を問題にしているのではなく、規範に関する規範——メタ規範——として機能する(5)。

だとすると、このメタ規範、すなわち規範を支える規範は、どこに存在することが可能か、逆にいえば、どこから規範を支えることができるか、という問題が持ち上がってくる。より局限していうと、それが可能な場所は、法の外なのか内なのか、という問題である。法から見れば法以外のものは法ではなく、法のみが法である。法以外のものを法として、法が認めることはできない。それを可能にするのは、それを法が法であると認めたかぎりにおいて、である。

したがって、もし法規範に関する規範、すなわち(法を支えるところの)メタ規範が法であるならば、それは法のなかで、すなわち法の内部から支えられることになる。しかし、法の内部に法のメタ・レベル、さらにそのメタ・レベルが存在するのだろうか。存在するとすれば、さらにそのメタ・レベルは存在するのだろうか。つまり、議論はつねにメタ・レベルを遡及しなければならず、議論は無限に昇り続けなくてはならない。最終項はけっして見えてこない。あるいは、メタ・レベルへの上昇が、いずれ法の殻を破り、メタ規範として法の外部に存在すると考えざるをえなくなる。その場合、それを依然として規範と呼ぶことができるかどうか、あるいはむしろ「神」と呼ぶべきではないか。いずれにせよ、それは法以外（以上！）のものであり、したがって法ではない。その場合、法は体系の一部であるかもしれないが、体系であるとはいえない。つまり、法ではないものが、法を支えるということである。[6] これは法の自己完結性に抵触する。この抵触は、法の破戒を意味する（第Ⅳ章、結論部分参照）。

ケルゼンは、根本規範を措定することで、この問題を巧みに回避している。根本規範の議論は、法の「内容」を支えるものではなく、いうなればその（法の内容を遡及しうる）「手続」を支えるものである。内容の議論ではなく手続の議論によって、法を基礎づけるのである。この「手続」は、下位の法から上位の法を推定する（あるいはその逆）手続であり、つまり法（の内容）に関する議論ではない。それは、法律行為・判決から憲法に至る、さらに根本規範が遡及される（あるいはその逆）位階構造の諸段階に位置づけられる諸法-間の関係に関する議論を展開する。頂点たる根本規範は、下位の法との関係を開始／終結する始点／終点としてのみ機能を有する。そこには、内容的価値は存在しない。あるのは起点あるいは頂点としての位置価値のみである。

このことにより、「根本規範」そのものは非-可視化される。内容ではなく位置が問題とされ、実体の問題ではなく関係の問題として、意味を有するからである。それ自体は見えないが、しかし確実に作動を引き起こす（＝諸法の関係化を可能にする）のである。ここに根本規範は、（実体として）存在する／存在しない-区別（法的な内容を備える／備えない-区別）を超えたもの、法の内部／外部-区別（法である／ない-区別）を超えたもの、つまり、これらの区別をもっては見えないもの、見る必要のないものとして存在（！）する。否、「……ものとして存在する」という言い方も不正確であろう。正確には、逆からいうべきである。すなわち、「根本規範」が（法として）存在するか／しないかは議論できないが、根本規範を議論することによって導かれる「法的区別」（＝法の階層構造）は、確実に存在する、と。根本規範は、いわば口に出して呼ぶことのできない神として、在る。ユダヤ人の法実証主義者ケルゼンの背後には、ヤハウェが座しているのだろうか。このように根本規範を不可視なものとして描く、その構成の仕方が、法の自己完結性を徹底させる。

ハートの「承認の第二次的ルール」も、同様である。このルールは、規範の内容に関する議論ではなく、規範の内容に関わる第一次的ルールを外側ないしメタ・レベルから支えるものである。ただしそれは「法」を跳び出してはいない。あくまでも「法の概念」のうちにあり、法的ルールにとどまっている。そこで、この第二次的ルールを支えるものを考えようとするならば、それはさきに破棄したメタ・レベルの議論へ後戻りすることとなる。つまり、支えが内部にあるとしたら、法の内部に第三次の、さらにまた第四次のルールと、無限に上昇する議論をしなくてはならない。逆に外部にあった場合、神か自然を持ち出すことなく、それはどのようにして法を支えることができるのであろうか。法ではないものが法を支えることは、そもそも可能なのだろうか[7]。いずれにせよこれらは、法の自己完結性に抵触する。このことからわかるのは、もはや問題が「支え」ではないことである。

ハートの場合は、第一次的ルールと第二次的ルールの二つがセットになって、法を法として表現する。そのとき、法を支えるものは、法の内にも、法の外にも見つけることができない。このセットが、法が法であるということを可能にする。法は法的にその内容を規定する。同時に、法は法的にその手続を規定する。法は、法の内容として、手続に関する法を備えている。同時に手続が法に依拠しているかぎりにおいて、その手続によって支えられる法の内容というものが法的に存在する。このように、二つのルールの区別が、法において法的に備えられていることにより、法の自己完結性が可能になる。これは法による法の円環《ループ》である。法の自己完結性は、区別されたこの二つのルールを併せ持つ法的な一つの円環《ループ》状のまとまりによって、徹底されるのである[8]。

法の論理的自己完結性は、不可視な頂点を前提とする階層構造より、円環構造において、より徹底されうる。なぜなら、前者における見えない外部というものが、後者においては、単に内容という点で見えないだけでなく、位置に関しても見ることができないからである。外部に参照するものがなにもなければ、論理は内部を参照する。論理は、そのかぎりにおいて閉じられ、自己完結する。法の自

己言及である。(9)

2 区別の内部化

ここまで見てきたように、法は法の論理において自己完結的ではあるが、法が扱う事例そのものは、法の自己完結性の外側で生じている。すなわち法は、社会的諸要素を法的要素として把握・記述し、法的論理の俎上に載せることによって、さまざまな社会的出来事を法の問題として処理する。これは、法と社会とを、それぞれ外側から観察する第三者的立場による描写である。したがって、このことをより厳密に考えるならば、そこにはさらなる説明が必要とされる。なぜならば、ある固有の論理にとって、その論理以外で把握されたものを、当該の論理において記述することは、原理的に不可能だからである。たとえば、他の言語では表現できるが、日本語では表現できないとされる事柄を、どうやって日本語で知りえるのだろうか。したがって、法が自己完結性を有しているといったとき、法はいかにして(法以外のものからなる)社会的諸要素を法的論理に組み入れるか、ということが説明されなければならない。

(1)「法」の内／外-区別

法外部の社会的諸要素を法的論理に組み入れるというとき、まずそこでは、法の内部と外部、あるいは法と法以外のもの、が区別されることになる。この場合、法から見て、法の外部ないし法以外が問題なのではない。いま見てきたように、法の論理は、それ自体として閉じている。法において区別の両側、すなわち法の内部と外部、法と法以外が、同時に問題にされることはない。つまり法が、法以外のものを「なにものか」として判断するといったとき、その判断は、法を構成する論理によっている。「法」が法以外の「なにものか」を構成する固有の論理を、当の論理に基づいて見ることはできない。法に可能なことは、それを、法を構成する論理において見ることのみである。つまり、法は、法から見た法以外を問題にするのである。逆からいえば法は、法にとって法の外部や法以外のものを、そのものとして見ることはできない。なぜなら、あらゆる「なにものか」は、法的スクリーンを通して見られることになるからである。つまり、法は法的に見る。このことをさらに徹底していうならば、法に見えないものは法にとって原理的に存在しない、ということになる。見ることができないものについては、見えないということも、見ることができないからである。[10] ここに、疑問が生ずる。法は、社会的出来事をどのように法的に処理するのか、という疑問である。

そもそも、「法」⇅「法以外」という相互往復（および往復の確認）を可能にする視点は、法にも法以外にも存在しない。そのためには、その両者をいわば鳥瞰して見ることができる「第三の視点」が必要となる。しかし、法／法以外という二項性を確認できる（＝可視化する）第三項は、そもそも二項性図式のどこに位置しているというのか。つまり、二項性とは、こうした（二項性の外部からの観察を可能にする）外在的視点を必然的に隠し持つ2＋1項性のことをいうのだろうか。それは三項性のことではないか。そして、三項性は、同様の理由から3＋1項性にならないか……。このように、外在的視点に定位して各項の関係を問題にするかぎり、項数は増え続けていくだけである。

ここで留意されるべきことは、法／法以外-区別が、法以外のものの把握を法において可能にしているということである。つまり、そこで問題にされているのは、「法」と「法以外」ではなく、法がなした法と法以外-区別——法的区別——である。つまり、法と法以外の「と」を、法において見るということである。この「と」、つまり区別の間、法の内部と外部の間、法と法以外の間は、具体的な事例・事案の法的判断において、より鋭く顕在化される。例を挙げよう。

社会を構成する要素として「法と政治」ないし「法と経済」を考えてみる。法、政治、経済は、それぞれ固有の論理のうえに成り立っている。したがって、法が政治を見るという場合、法は政治を法以外のものとして見るのであり、政治そのものとして見るのではない。さらに、法は法を成り立たせているその論理をもって政治を見るのであり、政治固有の論理は、それが法の論理の俎上に載せられるかぎりにおいて、問題となってくる。法から見た経済の場合も同様である。つまり、具体的な出来事や状況の分析ないし処理において、法と政治、あるいは法と経済が、法の領域から問題にされる。

それぞれの事例・事案をめぐって、法は法的な問題として政治領域に言及し、法的な問題として経済領域に言及する。個々の事例が、二つ（あるもの／それ以外）に区別されたものを、一方の論理に定位しつつ、論及するのである。つまり、閉じられた自己完結的論理によって、自己以外を自己において説明するということである。

つまり法は、法／政治-区別であれ、法／経済-区別であれ、法的に区別する。たとえば、法／政治-区別は「法的な区別による法」／「法的な区別による政治」-区別であり、法／経済-区別は「法的な区別による法」／「法的な区別による経済」-区別である。そこでは、あらゆる区別が法的になされることになる。このように法的論理において、法以外のものは、すべて法的政治、法的経済のごとく、法的ななにものかとして記述される。さきに、「法は法以外のものを原理的に見ることはできない」ことを指摘したが、これは、そのことを逆から表現したものである。

ここには法が、みずからの論理をもっておこなった区別を、みずからの論理を用いて区別するという二階建ての構成がある。すなわち、「法ではない」という法的判断は、法ではないものを法／法以外という区別を用いて法から排除するかのようである。しかし法は、法がおこなった区別を法的に主題化している。つまり、法的な記述可能性のもとにおいている。法により、法以外のものとして法の外側に追いやられた当のものは、同時に法的な区別の一方として、法の内部に備えられることとなるのである。法／法以外という法にとって不可視な区別は、このように法の内部に投入されることによって、法において可視化されている。つまり、「法」／「法以外」-区別は、「(法的) 法／(法的) 法以外」／「法以外」-区別となるのである。これが、「法が閉じられている」ことの意味であり、法の「自己完結性」である。法(の区別)において本来見えないものが、法(の区別)を経て、見えるようになるのである。たとえば、エコロジー問題において木を権利主体とする議論(「木は法廷に立てるか?」)は、法によって(「主体」からは)締め出されるところのもの(木)を再び法のもとに(「主体」として)回収することによって可能となる。また「事情判決」における公益は、法によって締め出されるところの利益の問題を法のもとに回収することによって、つまり、法による「法」／「法以外」-差異の法的な記述によって、扱われうるものである。

この自己完結性の議論は、さきにケルゼンの議論において示した「不可視な根本規範に基づく法の関係化」およびハートの議論において示した「〈法〉と〈法に関する法〉との区別」を、より徹底したものである。逆からいえば、ケルゼンにおいては、みずからその頂点に位置する根本規範は、法の階層性を外側から眺めている。ハートにおいては、二つのルールの区別をなす、その位置が法的に確保されていない。したがって、どちらにおいても、法はまだ閉じられていない。それゆえ、これらはさらに理解を進められるべきである。すなわち、「関係化」および「区別」が法的になされるのであれば、つまり法が関係化する、および法が区別する機制《メカニズム》を法の内部に備えるのであれば、それらの作動は、外部に委ねられることなく、法に回収されることが可能となる。この「法の区別の内部化」

をもって、より高度に達成された法の自己完結性が理解されるのである。

ラートブルフは、アウグスティヌスを引用する。「いつ主の国は来るか、と主がだれからも尋ねられたとき、主は語った。二つのものが一つになるときであり、また、外部にあるものが内部にあるものと同じようになるときである、と」。[11] しかし、われわれの議論は、超越の内在化、すなわち法を超えたもの、実定法を超越したものの内部化ではない。（超越／内在）区別の内部化である。

（2）法／不法‐区別

法は、法的論理を用いてすべてを実行する。法のなかには、それ以外の論理は原理的に存在しえない。つまり、法は、法において法と不法とを区別（＝法／不法‐区別）し、法をもって不法を処理する。

ここでは、法／不法‐区別に注目し、「法的な不法の処理」を、すこしくわしく見ることにする。まず、法は、法のなかで法／不法という区別を実行する。その際、（区別によって）法のなかに不法を指し示す。これは、法的不法といえる。すなわち、不法が法的に処理され、法的に指し示されたという意味で、この不法は法的なものである。人殺しは、法的に殺人として把握・記述されたことで、法的に「罰せられるもの」として法的に認定されることとなる。法は、こうした法的作業を経て、法の名のもとに、不法なるものを回収する。したがって、法のもとに不法そのものは、存在しない。くり返しになるが、存在するのは、法的な不法である。

このことは、さらに進んで（すでに述べてきたように）、法が法的に区別したところのもの、すなわち不法を、法的におこなうことを可能にする。たとえば法は、法の名において、個人の自由を束縛し、財産を奪い、（死刑が認められている国では）生命すら奪うことができる。法はこのように、暴力をもって裁くことができる。しかし、その実行は、法にあっては暴力ではない。たとえ暴力だとしても、法によるその暴力は法的暴力であり、法に則っていない暴力を排除する。殺人と死刑との組み合わせで考えれば、あきらかである。つまり、法は、私刑《リンチ》を排除し、公権力による殺人、すなわち法的な刑の執行を可能にする。ここにはパラドクスがある。法的に許されないとされる人殺しの実行を法的に可能にするからである。ただし、このパラドクスは区別の変更により非可視化される。すなわち、区別は、殺人である／ない-区別から、法的である／ない-区別に移される。問題は変位する。もはや、人殺しは問題ではない。問題は、法的でないことである。ここで法の論理は、法的かどうかを問うものとして、法において閉鎖する。よって法の自己完結性は貫徹される(12)。

法的手続による法の改正も同様である。法は法自身において、その完結性からして、法そのものの不足・無能力を標榜することはできない(13)。しかし、法は法によって変更されうる。たとえば法が、もはやみずからの一貫性・論理的完結性を維持しえないとされる場合、法は法みずからを改正することによって法自身を救出する。その場合、法は、みずからが備え持つ改正手続を用いることで、法自身を救出するのである。このようにして、法の完結性は、法の不足・無能力を本来的に排除する。法は、この排除されたところの不足・無能力の回収を、改正手続を法的に具備することで、自己の論理のなかに組み込んでいるのである。つまり、法の論理の内側／論理の外側-区別により排除された「外部」が、法の論理による法の改正手続により「内部」に回収される仕組みになっている。同時に、法みずからにおいてこのように当初から改正手続を具備しているからこそ、法は論理的完結性を有しているともいえる。逆にいえば、法が改正されても改正されなくても、その論理的完結性は守られるのである。

以上のように、法的な区別によって法の外に閉め出されたものを、それを区別した側、つまり法的なものの側（法の内側）に参入させることにより、すなわち、法の外側に一度区別したものを法の内側の区別へと持ち込むことにより、法そのものの完結性が維持されるのである。

そもそも、論理的完結性を具備する法が、法自身の不足・無能力を、法自身において見ることは不可能である。みずから論理的完結性を標榜する体系が、その論理的な完結の破れ目を破れなく表現できるとしたら、それは矛盾である。さきにも述べたように、「見えない」ということは、それ自体見えない。それが見えてしまえば、見えないことにはならない。

法は、法の破れ目を論理的に破れなく回収するために、以上のように区別を区別する。すなわち、区別によって外部化されたものを内部に備え持つ。不完全であるがゆえに完全性を実現可能とする装置を内蔵し、みずからを完全とするのである。法は完全であるのか、不完全であるのか。いずれにせよ（完全／不完全の）この二面性が、ちょうど「図と地」のように相補的に、一つの事態を表わしている。これが「一つの事態である」ということが、法の体系性を成り立たせている。

3 法の区別

そこで次に、二者を区別するものが区別された二者のどちらに属すかという点に留意しつつ、以下、法をめぐる事実（ザイン）と規範（ゾルレン）という有名な二項図式を扱う。

(1) 法における事実／規範-区別

くり返すまでもないが、この「事実（あるもの）」と「規範（あるべきもの）」との峻別は、哲学および社会科学（社会学）の学問史上きわめて有名かつ重要な区分である。一般に、前者は事実問題ないし存在《ザイン》と、また後者は権利問題ないし当為《ゾルレン》と呼ばれる。両者は、原理的に分けられることが必要とされ、この峻別なくしては、社会科学は科学として成立しないとされた。すなわち、存在《ザイン》として当為《ゾルレン》から切り離されたものを扱うことが科学の科学たる所以であり、社会科学における科学的な認識は、その峻別を欠いてはありえないというのである。

ある時期この区分を受け、法律学も、その方法論がいわゆる社会科学に資するかどうか、活発に議論された。しかし、この指摘は、法律学という学問の規範学としての学問的性格をまえにして、重大な困難さを示した。というのは法律学は、現実の社会に生起する具体的問題について、なんらかの方向性を与え、場合によってはその解決策を示す必要があるという、つまり「あるべきもの」を示す必要があるという、特有の学問的性格を持つからである。上記区分にしたがうならば、その性格そのものが、法律学を科学ではないものとしてしまう。

逆に、この困難さを積極的にとらえるのであれば、法律学は、「あるもの」と「あるべきもの」の双方に関わる学問として、この区別を超えた両者の緊密な関係を原理的に知りうる位置にあり、かつ両者の混交の、まさに「現場」に直面する学問ということができる。したがって多くの学者および実務家が、このような法学の学問的な特質を強調することにより、またはこれとは別の区別を示すことにより、あるいは法の外部根拠を引き合いに出すことにより、当該の問題を回避ないし突破しようとしてきた。ここで述べてきた「区別の内部化」という視点によるならば、この問題は、次のように考えられる。

(2)　事実／規範-区別の規範化

規範とは、規範／事実-区別の問題を区別し続けるという意味において成立する「事実としての規範」であることはすでに述べた（第Ⅴ章-1）。そこで、その理解を前節の「区別の内部化」という観点から、さらに展開する。

事実と規範との区別は、なんどか指摘してきたように、それ自体、つねに「区別せよ」という規範として表わされている。つまり、事実と規範との区別、それ自体が規範化されている。これは、事実／規範-区別でいうところの「区別」が、すなわち事実と規範を二分する「／」の部分が、規範の側に内部化されていることを示している。ここでは、「事実が存在し、規範が存在する。そして、それらが区別される」という状態が表わされているのではない。事実と規範は、区別されなくてはならず、したがってその区別は、「区別せよ」という規範のもとに、区別されるところのものとして、論定されているのである。

前節で述べた自己完結性、すなわち法における区別の内部化とは、法がすべての事柄を法的に処理することを可能にするものであった。これを事実であると解すれば、法は「すべてを法的に処理する」ものと理解される。規範であると解すれば、法は「すべてを法的に処理すべき」ものということになる。しかし、法がすべてを法的に処理するという事実は、必ずしも確認されえない。一方、法がすべてを法的に処理すべきであることは確かである。つまり、法の自己完結性とは、それ自体として規範なのである。

より一般化するならば、「法律学は規範を扱い、社会学は事実を扱う」というとき、より進んで「法律学は事実および規範を規範的に扱い、社会学は事実および規範を事実的に扱う」ということができる。すなわち、法律学は規範を規範として扱う規範学であり、対する社会学は、規範を事実として問題にする事実学である。ゆえに法律学にあって、事実と規範の区別は、規範の側に内部化される（＝事実）のではなく、内部化されなくてはならない（＝規範）。この内部化により、法は「すべてを法的に処理すべき」であることが、法内部からの不可避の要請として、つまり法律学が自己自身を内部から支える学問的同一性として、原理的に画定される。

4　法解釈の体系性——理論と実践——

法律学が提供する学問的成果は、潜在的であれ顕在的であれ、また程度の差はあるにせよ、実用法学的視点から見て有用であるかどうかという（実践的）基準のもとで評価される。その成果が、法律学という学問の性質上、なにごとかの判断と直接的ないし間接的に繋がるからである。このことから、法律学を、理論と実践との排他関係のうちにおくこと、すなわち事実と規範のどちらか一方のみに定位させる議論は、そうした法律学と実用法学との現実的な関係にそぐわないとする評価がある。法解釈学を指して、「理論と実践との混合態」（尾高朝雄）といわれる所以である。(14)

法実践は決定を伴う。その決定は一定の効果を伴う。もはやここには、「……すべし」という決定のもとに事実と規範とを二項対置させ、その峻別のみに傾注することでそれをよしとする学問状況はない。しかし、このアマルガム状態ないし異種混合状態が、いわゆる「社会科学」としての法律学の所在を見えにくくしてきたことは前述したとおりである。「社会科学における客観性」から見れば、つまり「客観的」であるためには、事実（ザイン）と規範（ゾルレン）は峻別されなくてはならないからである。したがって、ここでは峻別を問題にするのではなく、その混合を区別の内部化から問い、そこから法実践（端的には「法の解釈」）を見ることにする。

いま述べたように、法律学にあって、この区別は規範の側に内部化される。それは、事実／規範-区別が規範の内部に収められることである。その収められた区別は、さらに新たな規範として、事実と区別される。すなわち、事実は、規範のもとに規範的事実（規範によって定式化された事実）とされ、それが「（規範的な）事実」として、事実／規範-区別のもとに、再度おかれる。これは、研究や議論、あるいは出来事の処理・解釈などを通じて、事実／規範-区別→事実／[事実／規範]-区別→事実／{事実／[事実／規範]}-区別と連鎖し、法に経験をもたらし、それが法の歴史として展開していく。法実践の際に用いられる学説や判例を形成する諸要素は、この展開のなかで蓄積されていく。したがって、「／」は、状態を表わすものではない。連鎖の展開を可能にするという、区別の動態性を表わす記号である。つまり、二分法によって表わされている区別、すなわち「／」は、静態ではなく動態を示しているのである。このように事実／規範-区別は、この連鎖を持続させ、さらに法実践は、区別を規範の側へ継続的に内部化させることを可能にする。

このことを理論／実践‐区別にあてはめていえば、理論が実践を導き、そうした実践が理論を補強・発展させ、そうした理論が実践を導き……と連続することになる。もちろん、理論ではなく実践で始めても同じことである。ここでは、理論と実践が二項対立として問題なのではなく、両者の循環関係と、その循環による展開が重要なのである。この循環は、ある一定の位置にとどまってなされる循環ではない。漸次的な積み重ねを展開しゆく循環である。(15)

したがって、事実／規範‐差異が内部化された法にあって、法（とりわけ「法の解釈」）をめぐる議論として、事実／規範、理論／実践という二項性ないしは二元的な設定を、そのものとして保持し続けることは、原理的に不可能となる。正確にいうならば、本来この区分において、そのどちらか一方のみに定位することは決定不能というべきである。一方に定位した瞬間に、他方を取り込む、ないし他方に取り込まれる可能性のもとに措かれるからである。逆からいえば、この「決定不能性」に支えられて規範の側・実践の側で展開するディスコースの連鎖が、法律学および法的営為の「内容」である。法律学に対し固有な性質としていわれる、「事実と規範とのどちらにも位置する」、「理論と実践との双方にまたがる」といった表現は、以上のことの表層をとらえたものである。むしろ「法」の問題として注目すべきは、こうした二分法の分析によってあきらかにされる、その動態性である。

社会的出来事は、つねに法的な決定のまえに立たされる可能性のもとにあり、そうなった場合、法実践は、それを法的出来事として記述し、それに対する法的決定を下さなければならない。問題の法的な把握およびそれに対する法的決定を下すというその働きが、そのつどこの連鎖を継続的に起動し、法の（規範としての）体系性の維持と、法（実践）の体系的展開とを可能にする。

法にあって、いっさいの法的営為は、このように規範（＝当為《ゾルレン》）のかたちをとってなされる。法は、問題を把握し、記述しなければならない。法は、決定し、解決しなければならない。法は、区別しなくてはならない。区別を区別しなくてはならない[16]。これは、「法が規範である」ということ（＝状態《ザイン》）を意味しているのではない。それが意味するのは「法は規範であらねばならない」という、法における法に対する規範的要請《ゾルレン》である。「法は規範である」という事実があるとしても、その事実は、法においては事実ではなく規範である。ないしは、その事実は法において規範化されている。なぜなら、法は規範でなくてはならないからである。つまり、法的実践を可能にするその原動力は、ほかならぬ法が「規範」であること、法が法として、つまり規範として閉じていること、それ自体である。事実と規範、理論と実践をめぐる法のこの固有な特性と運動こそが、論理的に閉じた規範の体系としての法の体系化を可能にする。それゆえに法は、体系たりうるのである。

【再定式化】

体系性とは、区別を内部化する運動である。

結章　実定法——根本テーゼの再定式化——

【根本テーゼ】

「法は、作られた場と使われる場が時間的・空間的に異なるにもかかわらず、この社会において、つねに妥当する。」

ここまでの叙述で、この社会において法が、普遍的・妥当的・安定的に、かつ正当性を持ち、規範性のもとに、体系性を維持しつつ展開していく様態が説明された。最後に、こうした法の様態を、法の実定性として、すなわち実定法から考えていくことにする(1)。

われわれの社会において機能している法は、さまざまな社会的文化的背景や差異があるにせよ、基本的に実定法である。では、法が実定的であるということは、なにを意味するのであろうか。ここでは法の実定性を、法によって法自身が決定されているというテーゼをもって理解する(2)。このことをもって実定法は、自然法など他の法とその成り立ちを決定的に異にする。法を、法が法によって決定されるという、いわば自己言及的な機制《メカニズム》において理解するからである。

ここでも、実定性の内容を問うのではなく、こうした法の実定性がこの社会において可能となっている事態を社会現象として問い、それをもって冒頭で掲げた根本テーゼの再定式化を試みることで、本書を締めくくることにしたい。

1 主題化しえないものの主題化

法の対象となる出来事、法にとっての時間上の差異、法が扱う社会的諸要素ないし社会的諸連関、これらはすべて法がそのものとして主題化できるものではない。なぜなら、法は法的要素からのみ構成されているのであり、その意味でそれ以外のもの、法以外のものを扱う余地がないからである。逆にいえば、法は本来主題化できないものを主題化しなくてはならない。

(1) 法的記述による差異の吸収と展開

法は、あらゆる社会的事象を法規範のもとに吸収しながら、つまり社会／法-区別のなかで法の側に吸収しながら、自己の運動を展開する。法律学の営みとは、社会の法的記述とそれに基づく決定であり、それは社会を法的に（再）構成する作業にほかならない。この作業を経ることで、法において法以外のものは存在しえなくなる。法が、法以外のものをいわば飲み込むかたちで、法の運動を展開していくからである。このことから逆に、法は、社会／法-区別を用いた処理において、法規範の側から、社会的な事象を法的な事象として創り出すということができる。つまり、法の側から見るかぎり、社会が法において把握・記述するというよりは、法が社会を構成的に記述する、つまり創り上げていくといえる。

その意味で、社会そのものとして確認されうるものより、法から見た社会の方が、より広大な地平を可能にする。部分の集合は全体以上のものを表現する。(3) なぜなら、社会をそのものとして見る場合、社会から社会的なるものを把握・記述可能な程度に限定的に抽出していくのに対し、法から社会を見る場合、法が法的に可能な範囲として補完的に、より先鋭化していうならば法的記述が脱-領域的に浸食を展開するかのように、把握・記述可能な地平を開拓していくからである。法以外のもの、すなわち他のもの（政治、経済、宗教など）が記述するであろう内容と完全に矛盾・対立するような内容をもってしても、法はあらゆる事象を法的に記述しうる。（逆も、すなわち法的に記述可能な事象が別のものにより、まったく矛盾・対立したかたちで記述されうることも、同様である。）むしろ、同一の事象に対してけっして相容れることのない記述がそれぞれ可能であるからこそ、部分の集合が全体以上になるのである。法にとって（また他のものにとっても）、社会とは、あらゆることが別様でもありうる「最終地平」である。(4)

法によるこうした記述において、二重の意味で不可能なことはない。一つはいま述べた、法が地平を切り開く、つまり不可能なものが補われていく、あるいは不可能なるものを逐一駆逐していくという意味で、もう一つは、すでに述べてきたように、法にとって不可能なものは法にとって不可視であるという意味で、法はその不可能性を免れているといえる。このように考えるならば、社会と法との差異は、法の側からすれば存在しえず、当然、法に知覚されることはない。そのかぎりで、法にとって存在し、知覚されうるのは、法的に記述された社会であり、（法から見て）より積極的にいえば法的に記述した社会であり、その記述は社会の側にではなく、法の側に属するものである。したがって、法が切り開くのは、正確には、社会的地平ではなく、法的な社会の地平である。

(2) 法の現在における差異の吸収と展開

以上からわかるように、法が作られた場と用いられる場の間に存する時間的・空間的差異というものも、法の現在において、差異として知覚されることはない。それは法の現在にとっての差異としてではなく、むしろ逆に、法がそれぞれの場において、そのつどの現在から構成するという仕方で、法の現在において処理される差異といえる。法は、教義学的な解釈はもとより、個々の事例の固有な事情、起草者の意図、法源、結果、効果に至るまで、あらゆる要素を現在から構成し、そのつど法的社会の地平を現在において展開する、ないしそのように展開した地平を法的地平として現在において示す。

つまり、現在の法にとっての時間上の差異は、（法の）現在において、（現在の）法によって創り出される。したがって、それらはもはや差異ではない。それらは、現在の法にとって処理可能なものとしてのみ法の視野のうちにおかれるのであり、その意味で、現在の法において記述可能な変位・偏差である。あらゆる「差異」が、現在の法に適うかたちで、現在の法において主題化されうる。法の現在の妥当を維持しうるかたちで、法の現在に凝集化されるのである。

ひとたび法の現在のもとに凝集化された諸差異は、現在の法の法的要素として、つまりかかる法をもって、妥当する諸要素として、それぞれに展開される。すなわち、現在の法の妥当のうちにある過去および未来として、つまり妥当のうちにある時間的差異としてというように、である。このように、適用される法→事実→結論という一連の流れ、すなわち法を大前提とし、事実を小前提とし、法的判断を結論とする、かの三段論法は、過去と未来の偏差・差異を法の現在（＝現時点）に凝集させる法の作動であり、その作動を経て、現在の法をもって妥当する法的な過去と未来とが展開される。

この地平の開拓と現在への凝集化という一連の作動は、法と社会との時間的・空間的差異を現在の法のもとに吸収し、かかる法が展開することを可能にする。あらゆる差異が現在の法のもとで、法として記述可能なものとなるのである(5)。すなわち、法は、法のつねなる現在において、あらゆる社会的要素を規範適合的に凝縮し、規範妥当的に展開する運動体である。法は、こうした開拓と凝集化とを通して、主題化しえないものを主題化する。

2 動態性を通した静態

法の普遍性、妥当性、安定性、正当性等の諸概念は、本来、静態的な議論に馴染むものである。そのいずれもが、不安定で、可変的な、それゆえ不確実なるものに対し、永続性、確実性の観点からなされる議論に結びつけられるからである。

しかし、これまでの叙述で、それらの諸概念は法の運動において再定式化された。すなわち、普遍性は（普遍性を獲得しえないがゆえに）それを獲得しようとする不断の活動のなかで、妥当性は完遂しえない妥当のつねなる接続において、安定性は非安定性の再生産と処理の連続をもって、正当性は正しいとされるものがそのつど代替されることにより、可能とされた。

このように、そのいずれもが、達成しようとする当のものの達成の困難ないしその不可能性を通じて（辛うじて）達成されるという動態性のなかで、非常にパラドキシカルな仕方でおこなわれる。つまり、法が法であること、法が法として機能すること自体、じつにパラドキシカルな現象だといえる。すなわち法は、これまで述べてきたように、つねに、普遍的・妥当的・安定的に、かつ正当性を持ち、規範性のもとに、体系性を維持しつつ、問題の処理にあたる。法のこのような問題処理は、パラドキシカルな仕方でおこなわれることによってのみ可能となるのである。

なぜなら、社会は変動する。ゆえに、そこから生じ法に委ねられる問題は多種多様であり、それに対し法は、いわば一様に処理をおこなう。この多様な問題の一様な処理は、法による問題把握とその処理に際しての一般化ないし抽象化によってもたらされているのではない。「一様に処理すること」を可能にするのは、「多様であることの一様な処理」というパラドクスを、法がその動態性において隠すからである。すなわち、法の動態性は、このパラドクスのパラドクス性をそのつどの法において不可視にしていく。

動態性が見かけ上の静態性を成立させることで、この不可視化が可能となる。法が動態的にそれ自身が用いる区別をみずからにおいて区別することで、あたかも恒久的で永続する普遍性、妥当性、安定性、正当性を備えているかのような外観の保持を可能にするのである。すなわち、普遍／非普遍-区別を普遍的に、妥当／非妥当-区別を妥当的に、安定／非安定-区別を安定的に、正当／非正当-区別を正当に、区別し続ける。こうして、区別は、さらに区別を区別する。つまり、静態的な諸概念を動態性から位置づけるのである。これは、恒久的である諸概念、ないしは恒久的であろうとする諸概念が、この社会においては暫定的・可変的である（であらざるをえない）という矛盾を、法の自己言及的動態性のもとに隠すことを示している。このようにして、暫定性が永続性を可能にする。ゆえに法は、それが用いられたときは、いつでも普遍的であり、妥当的であり、安定的であり、かつ正当性を有している。動態性によって達成される法の静態的諸属性である。

3 自己言及性

社会における実定法というものは、主題化しえないものを主題化しなくてはならない。しかし、まずもって主題化しえないものを想定しているという意味で、そこにあるのは不完全な法である。法の欠缺は、その不完全性を示す一要素にすぎない。いずれにせよ、こうした法の不完全性こそが法においてすべてを可能にする鍵概念《キー》であり、実定法が具備する最大の潜在能力《ポテンシャル》を発揮させる装置といえる。

法を運動体として理解するこれまでの叙述から、さしあたり以下の特性が導かれる。

1 法が普遍的なるものから導かれることはない。
2 法は漸進的プロセスのうちに展開し、その展開の方向性を先行理解することはできない。
3 法はそれ自体の欠缺を前提とした体系である。
4 法以外のものによる法の基礎づけは法を破壊する。
5 法規範を上位の概念から基礎づけることはできない。
6 (事実/規範、理論/実践という)二項対置図式は、法を適切に説明しえない。

これら諸特性は、法に関する従来の議論に、一定の変更をうながすであろう。しかし、この指摘をさらに読み込むことで、社会における法という現象が、あきらかにされる。

これまでなんどか指摘してきたように、法は、つねに偶発性《コンティンゲンツ》に曝されている。社会的な出来事を法をもって読み込もうとする作業から、それに対する法的な決定に至るまで、終始、別様でありうる可能性のなかで、その一連の作動をなしている。逆にいえば、こうした偶発性《コンティンゲンツ》を基底に備えているがゆえに、法は、つねに達成されることのない完全性を、別様にありうる偶発的な作動のなかで不完全性をそのつど克服する（＝そのつど別の不完全性に逢着する）プロセスにおいて、装うことが可能となる。つまり法の完全性は、法の不完全性によって偶発的な仕方で、支えられているのである。

これは、不完全性が完全性を導くというパラドキシカルな完全性の達成である。もちろん真の完全性に到達するのではない。不断の運動が、完全性を偽装させるのであり、この偽装こそが可能なる完全性の正体である。比喩的にいえば、そのかぎりで完全性とはイデアである。この比喩によるならば、われわれにできることは、このイデアへと至る途を示すことである。ただし、これは上昇を意味するものではない。不完全→完全→不完全→完全→不完全……と続く循環である。つまり、イデアへの上昇ないし到達が問題なのではなく、完全性が循環によって偽装ないし擬制されるという、その社会的機制《メカニズム》が問題なのである。いうなれば、完全性は不完全性を司る精神であり、不完全性は完全性へと進みゆく身体といえる。どちらも単独では機能しえず、どちらも互いに他を必要としている。完全性は不完全性に、不完全性は完全性に依っている。

不完全であるがゆえに法は完全なのか、完全であるがゆえに法は不完全なのか。このパラドクスに対し、固定化された、したがって静態的な答えはない。両者が同時に成立することはない。

法が動態であるということ、法が運動するということが、このパラドクスを回避する。つまり、その運動のなかで、このパラドクスが非可視化——脱-パラドクス化——されていくからである。つまり、いま不完全な法は、完全な法になることができ、完全な法として表わされたものはやはり不完全であり、その不完全な法は……、という仕方によってである。かくして法は完全性を偽装する。あるいは、かくして法の完全性は擬制される。われわれは、いつでも法の完全性を期待することが可能である。「いつでも可能」なのは、つねにこの期待が失敗に終わるからである。つまり、失敗のみが完全性を予想させ、それに対する期待を可能にする。この失敗／期待は、それ自体としてパラドキシカルであるが、それが継続されるかぎり、パラドクスの顕在化が先延ばしにされ、とりあえず現在において隠蔽される。その「現在」こそ、法が妥当する「現在」にほかならない。

結局、実定法はトートロジカルに定式化される。すなわち、法は法である。トートロジーはパラドクスを産む。すなわち、法が法であることを、法は示しうるか。このパラドクスを脱-パラドクス化することにより、法は展開する。すなわち運動する。この一連の作動が、法によって法を決定するという法の実定性と、その潜在能力《ポテンシャル》を可能にする機制《メカニズム》である。このように法は法の内的作動によってのみ、運動を展開する。その意味では、この指摘は徹底した概念法学である。ただし、法の不完全性を前提とし、偶発性《コンティンゲンツ》を基底に据えているという意味で、徹底的に反-概念法学である。

＊　＊　＊

以上すべてから、法は運動体と定式化される。この定式化が、法の現在における妥当の理解を可能にする。すなわち、法は時間的・空間的差異を法の現在において不可視化する装置である。その現在において、法は、あらゆる要素を、その現在における法規範につねに適合的に処理しながら展開していく。その法の現在において、法は、普遍的、妥当的、安定的に、かつ正当性を持ち、規範性のもとに、体系性を維持しつつ、作動する。ここに、一定の法が作られた場と用いられる場の時間的・空間的差異を乗り越えてつねに現在妥当することを可能にする機制《メカニズム》があきらかになり、それこそが実定法の特性として基礎づけられる。すなわち、冒頭に掲げられ、本書を通じて貫かれた根本テーゼは、以下のごとく再定式化される。

【根本テーゼの再定式化】

「法は、つねなる現在において、あらゆる差異を吸収し、妥当的に展開する運動体である。」

註

本書で展開された議論は、ニクラス・ルーマンの法システム理論・社会システム理論に多くを拠っている。このシステム理論は、さまざまな理論的前提と特有の術語を有しているが、本書は「システム」ではなく「法」の問題として読まれることを期し、この理論の術語を可能なかぎり用いなかった。したがって、註の多くの箇所で、ルーマンの文献を指示してある。読者におかれては、註で指示した文献をたどることで、本文の理路を構成するシステム理論のコンテクストがあきらかになろう。ただし、ルーマンの著作は膨大であり、それゆえ、まったく別様のコンテクストをルーマンの理論から読み取ることが可能であり、かつ同様のコンテクストをまったく別のルーマンのテキストから読むことも可能である。また、本書の叙述の背景をなす問題については、長めの注釈を付した。

序章

（1）この議論は、いわゆる「法社会学」に対して、一定の理論的期待をかけたものと理解することができる。その背景は以下のように要約できよう。

第一に、法律物神性の問題、実定法一元主義への批判が挙げられる。「法の解釈」と呼ばれる一連の作業は、複雑に入り組んだ（したがって複合的に構成された）法律をドグマティッシュに解釈することにより、正しい実践的解釈をすべて法規から演繹的に導き出せるという思惟のもとにおこなわれる。このような方法に基づく法の解釈およびその適用のなかで、人間を対象とすべき法が、人間の手の届かない対立物と感ぜられるようになる。そこで法と人間とのこの距離を縮めるために、また実定法一元主義への反省としての「自由法運動（Freirechtsbewegung）」という脈絡のなかに、法社会学の学問的任務が確認された。

第二に、第二次世界大戦後新しく制定された法律により、実際の社会生活と法規との著しいギャップが生じ、その解消を迫られたことがある。一般にこのようなギャップは、法規が作用する際つねに問題とされるが、おおかた「解釈」のうちに吸収され、それほど表面には現われない。しかし戦後の法の施行は、法的ドグマの基盤となる制定法そのものの改正であり、さらに法を支える理念そのものの変更であったため、そこに生じたギャップは尋常な法解釈のうちに収まることはできない。そこでこのギャップの架橋ないし解消が法社会学に担わされることとなる。

第三に、「法解釈論争」のきっかけとなった「来栖報告」（来栖三郎「法の解釈と法律家」『私法』第11号、一九五三年、一六～二五頁）、そしてより一般的には末弘嚴太郎（日本法社会学会誌『法社会学』一九五一年「傍観者の言葉―創刊の辞」）による法社会学の位置づけがある。前者は法解釈を非科学的なものと批判したうえで法解釈を科学的に再構成するために法社会学の必要を説き、後者は法社会学を「法の理論科学」であり「法に関する社会法則」を理論的に探究する学問であると定式化する。ここで法社会学は「法の社会科学」と位置づけられ、実用法学および法解釈学と対比されることを通じ、理論的・科学的・学問的なものと表現され、その発展が期待されることとなった。

（2）「法解釈学の本質は、常に法を生きた社会現象の上に活用する実践的機能を営む点に存するのであって、いかなる場合にも法の単なる理論認識に満足するものではなく、また、いかなる場合にも法の単なる理論認識に満足してはならないことがわかる」。尾高朝雄『改訂　法哲学概論』学生社　一九五三年、三五〇頁。

（3）原題は「社会科学および社会政策学における認識の客観性」。これが当初、「社会科学方法論」との題名のもとに訳され、ザインとゾルレンの峻別が、社会科学を科学たらしめる根本テーゼとされた。

（4）法社会学をとりまくこのような状況のもと、E・エールリッヒの「生ける法」(Das lebende Recht) という概念がおおいに利用されることとなった。エールリッヒのこの概念は、以下示すように前記註(1)三点に対応する。まず第一に法律のドグマティッシュな解釈に由来する法律物神性への反省は、制定法の背後に退いてしまった人間の社会生活そのものの関係である「生ける法」を遡及することにより法と人間との距離を埋めることを企てる。つぎに戦後施行された新しい法規と現実とのズレのなかへ実際の生活に根づいている法（「生ける法」）と制定法（「国家法」）との対比を写すことで、このズレを問題にする。さらに従来「解釈」というブラック・ボックスを通しておこなわれてきた、現実の社会関係を法的関係へと読み換える作業を、「生ける法」という視点から再構成し、えてして恣意的と批判される法の解釈に社会科学的（そして経験科学的）手続を経た基礎づけを与えることを試みる。しかし、「生ける法」の探求は、いずれにせよ法社会学を隘路に至らしめる重大な契機をなしたと考えられる。この点については、土方透「法のドグマティークを理解するために——『法解釈の科学』あるいは『法の社会科学』に寄せて」（ルーマン『法システムと法解釈学』日本評論社一九八八年　所収）を参照されたい。

（5）しかし、いまや「科学」は、その問題設定と解法において、もはやそれほど一義的に決定される内容を備えているわけではない。法の科学性を議論するにあたり、法律学は多くの学問からの提案を受け、それを法律学に援用したが、そこでは「科学」という語で表現されるところの内容に一致を見ているわけではない。ひるがえってヴェーバーの先の指摘も、当時ヴェーバーが腐心していた歴史学派との論争（「価値判断論争」）のコンテクスト——歴史的に生成する倫理的理想が把握可能性とそれに基づく実践的・政策的発言の可否——において、より正確に理解できる。

したがって、ここでかかる問題をさらに科学として問い続けるのであれば、まず「科学」について定式化する必要があろう。しかし、そこで展開されるであろう議論が、一つの「科学」に向かって収束するとはとうてい考えられない。依然として、それぞれの科学がそれぞれの科学観に立脚し、より徹底的な、あるいはより厳密なテーゼを提示することは想定されるが、そもそもその入り口において、法解釈の科学性を扱うのに適した視点が得られるかどうかは定かではない。さらにいえば、たとえば法解釈に際して問題となる「客観性」をめぐる科学の理解は、後述の「科学の危機」（第I章、註（1））以来、刷新されている。法律学が、こうした諸科学の成果を、援用や応用はともかくも、論理内在的に取り入れていくことは、かんたんではない。

なおルーマンは、規範に関する初期の論文で、ザイン／ゾルレン論をおこしている。Niklas Luhmann, Normen in soziologischer Perspektive, *Soziale Welt 20*, 1968, S.28-48. さらには、Niklas Luhmann, *Rechtssoziologie* 2aufl., Opladen 1983, S.43f.（『法社会学』村上淳一・六本佳平訳、岩波書店　一九七七年――原著初版の翻訳）参照。また、ルーマンは「今日支配的となっている見解では、存在と当為の間の溝ゆえに法的妥当と正統性を切り離している」と指摘する。Niklas Luhmann, *Legitimation durch Verfahren*, 1969; 2aufl. 1975, S.239.（『手続を通しての正統化』今井弘道訳、風行社　一九九〇年、三〇五頁、引用者による訳文変更）参照。

第I章

（1）従来、われわれの学問は、世界を統一的な意味のもとに理解できるという前提のもとに、その解明を展開してきた。そのなかで世界は統一的全体として問題にされ、世界の究極の根拠を真・善・美あるいは自然や理性、そこから導出された秩序から、人間の生そのものが方向づけられた。こうした世界理解のもとでは、絶対的な価値、あるいは永遠に妥当する真理といったものが、その根本において常に思念されている。

しかし、あらゆる学問領域でこうした旧来の伝統的な存在論的思考の困難が指摘されることとなった。この困難は、当初、われわれの営為とは独立して成立する客観的世界を対象とするものと考えられていた数学や物理学の世界から指摘され、しだいに他領域へ伝播されていった。いわゆる「科学の危機」といわれる二十世紀初頭の一連の学問状況である。そこでは、従来の学問が前提としていたさまざまな理論的枠組みが、その変更を余儀なくされた。

たとえば、観察の客観性は物理学において否定され、観察行為における主観の介入が指摘された（W・ハイゼンベルク「不確定性原理」、N・ボーア「相補性原理」）。ある体系が矛盾なき体系であるかどうか、その体系内部では証明されないことがあきらかになった（K・ゲーデル「不完全性定理」）。またそれまで直証的な真理の体系と考えられていた幾何学が別の可能性に曝され（ユークリッド幾何学に対する非ユークリッド幾何学の成立とその有効性）、意識によって記述されることを前提としていた諸科学に対する「無意識」による記述の可能性（フロイトによる無意識の発見）など、従来前提として用いられてきた諸々の理論体系が、たんなる仮説・要請にすぎないという理解を持たざるをえなくなった。

こうした理論的枠組みの変更は、Th・クーンの「パラダイム転換」という術語をもって、後年人文科学、社会科学などさまざまな分野でも常識のごとく指摘されるようになった（「パラダイム理論」）。クーンの理論以降、実際に諸々の学問のなかに内在されていたパラダイムの存在が指摘され、その旧態依然としたパラダイムの転換を図ろうと、さまざまな学問的活動が展開されてきた。しかし、このようにして新たに獲得されたパラダイムも、さらなる転換を待つものとしてのみ、すなわち暫定的なものとしてのみ存立しうる。理論の交替可能性について論じたパラダイム理論も、その理論そのものの交替可能性に曝されることとなる。当の理論が提唱する変更可能性を理論自身が免れることはできない。このように、いまやすべてが暫定的であり、それゆえ変更可能性に曝されている。

（2）　さらに、社会状況の変化から、従来の普遍性に対して異議が申し立てられた。すなわち、註（1）で触れた「科学の危機」は、ヨーロッパの近代的理性に対して別の選択肢が存在する可能性を示した。このこととあいまって、非ヨーロッパ世界の有する論理・構造・文化が注目されるようになった。くわえて、政治・経済・社会文化的にも非ヨーロッパの存在が視野に収められたことにより、旧来のユーロ・セントリズムでは完結することのない世界が眼前に出現した。もはや、非ヨーロッパへの視角を無視して世界を語ることは非常に難しくなった。逆にいえば、近代化の波のなかで重要とされてきた多くの意味体系がヨーロッパの文化のなかで育まれてきたという意義そのものが相対化されたのである。すなわち、ヨーロッパとは別の論理、別の根拠、別のコンテクストの存在があきらかになり、同時に、これまで普遍的であると思念されてきたものが、ローカルな文化形成における個別的な事象ではないか、という疑念およびそこに由来する困難が示されることになった。もはや、ヨーロッパ的ロゴスに普遍的価値を認め、それを主張することは文化帝国主義による侵略として批判される。近代法と一様に称せられる法体系も、それが用いられる文化基盤が異なれば、まったく異なったコンテクストを構成する。所有、契約、権利、生命の価値も、それぞれの文化でさまざまな含意を有し、かつ体系化されていることが明らかにされたのである。

この二つを受けて、頑なに普遍的価値から議論を展開する立場、依然として共通の理念に定位しようという試みが続けられる一方、より多くの領域で、学問はその相対化を余儀なくされた。その結果、学問は絶対的真理の体系を目指すのではなく、相対化された世界観に立脚し、複数性、相対性、別様性に定位して、その活動を展開することとなる。普遍性も、このような視座からの議論が求められた。すなわち、普遍の問題を一義的な真理から導出する議論は変更されなくてはならない、との指摘である。

（3）相対性が主張されるこうした状況に対し、多元性を基礎に据える議論が存在する。この議論は、かかる状況のなかで、ある一定の可能性を示すかのようである。しかし、多元性の主張は、つぎの指摘によって、そのアポリアがたちまち露呈する。すなわち、そうした従来の単一的理解を覆す多元的な視点は、「多元性」という名称を持つ単一的理解の一つにすぎないのではないだろうか。つまり、「相対」を貫徹するための絶対的要求ではないのか、という指摘である。単一性に対抗してなされる多元性の主張は、あくまでもそれみずからにおいて多様的であり多数的であることを可能にしなければならない。

（4）社会的出来事の法的な把握・記述は、法および法現象を社会のなかから抽出すること、あるいは、その特性を際だたせるということに終始するものではない。註(1)で示した「普遍性の隘路」「科学の危機」の帰結として、(i)対象そのものを全体として把握できるという科学的営みが原理的に不可能であるということ、(ii)また現象学・解釈学などの成果から対象把握・理解に際しての主体から対象に対する意味付与能作があきらかになったこととも密接に関わっている。

つまり、現在の学問状況からすると、世界を誰もが見通せる客観的な意味からアプローチする可能性はもはや保持しえない。われわれが対象とする社会は、それを構成する要素数の算術的増加とさらにそれに伴う要素間の関係の数の幾何級数的増加により、要素の無限な関係可能性を前提しえないほどの茫漠たるものとしてのみ、われわれの前に存在する。したがって、社会を、統一的な意味のもとに世界を語ることはできず、また全体として理解することもできない。つまり、複雑なるものとして、われわれに対峙するのである。こうした多数の要素とその相互関係からなる規定不可能な状態にあって、要素およびその関係は選択され、また限定されなければならない。この選択・限定（「複雑性の縮減」Niklas Luhmann, *Soziologische Aufklärung*, Opladen

1970, S.72ff., 116ff.）の一つとして、法的な把握・記述可能性が考えられる。

このように選択・限定された（法的）空間は、逆にいえば、法的空間の内／外-差異においてはじめて可能になるといえる。つまり法的空間は、社会を法の環境とし、その環境の複雑性を縮減することにより、したがって環境たる社会と法的空間との複雑性の落差からなる地平の差異性構造において成立するものということができる。

このような差異性構造を出発点とする理論にあって、社会は、そのものとしてけっしてその全貌を見渡すことのできない要素とその関係可能性の総体とされる。したがって、それは縮減されるべき素材である。それゆえ、諸要素の連関あるいは意味連関はいぜんとして規定されず、その実在性はあらゆる可能なものの他様でもありうるという「最終地平」という点にある。すなわち、法から見て、社会は存在の観点ではなく複雑性の観点からのみ問題とされうる。換言すれば、複雑性という概念は存在の状態ではなく法と社会との関係を表示する。さらにいえば、社会は、法を通じて意味投企され、また意味付与される素材である（*Ebenda*, S.212.）。

（5）Niklas Luhmann, *Das Recht der Gesellschaft*, Frankfurt am Main 1993, S.128ff.（『社会の法』1、2　馬場靖雄・植村隆広・江口厚仁訳、法政大学出版局　二〇〇三年、一三五頁以下）参照。

（6）たとえば「法は時間次元と社会次元の緊張というこの問題に関連する、一つの形式として成り立っている」との指摘を見よ。*Ebenda*, S.131.（訳、一三八頁）。

（7）*A.a.O., Soziologische Aufklärung*, S.111.

（8）ルーマンは「法が解決するのは時間問題である」と法における時間問題を指摘する。*A.a.O., Das Recht der Gesellschaft*, S.125.（訳、一三二頁）参照。ルーマンの時間に関する示唆的論文として Niklas Luhmann, The Future cannot Begin, *Social Research* 43, 1976, S.130-152.

(9) *A.a.O., Rechtssoziologie* 2aufl., S.345ff. (訳、三七五頁以下)。Das Phänomen des Gewissens und die normative Selbstbestimmung der Persönlichkeit, in: *Religionsgespräche: Zur gesellschaftlichen Rolle der Religion,* Darmstadt 1975, S.241.

(10) Niklas Luhmann, *Soziologische Aufklärung 2,* Opladen 1975, S.111.

(11) *A.a.O., Soziologische Aufklärung,* S.121f.

(12) *A.a.O., Das Recht der Gesellschaft,* S.142ff. (訳、一五一頁以下)。

(13) *Ebenda,* S.101. (訳、一〇六頁)。

(14) Jürgen Habermas/Niklas Luhmann, *Theorie der Gesellschat oder Sozialtechnologie: Wie leistet die Systemforschung?,* Frankfurt am Main 1971, S.35ff.

(15) *A.a.O., Soziologische Aufklärung,* S.64.

(16) Heinrich Rombach, *Struktur Ontologie: Eine Phänomenologie der Freiheit,* Freiburg/München 1971, S.148f.

(17) Hubert Hendrichs, *Modell und Erfahrung: Beitrag zur Überwindung der Sprachbarriere zwischen Naturwissenschaft und Philosophie,* Freiburg/München 1973, S.21f.

(18) *A.a.O., Das Recht der Gesellschaft,* S.501ff. (訳、六四三頁以下)。

(19) *Ebenda,* S.524ff. (訳、六六八頁以下)。

(20) Niklas Luhmann, *Ökologische Kommunikation: Kann die moderne Gesellschaft sich auf ökologische Gefährdungen einstllen?* Opladen 1986, S.159.

(21) Niklas Luhmann, *Ausdifferenzierung des Rechts: Beiträge zur Rechtssoziologie und Rechtstheorie,* Frankfurt am Main 1981, S.397.

第Ⅱ章

（1）第Ⅰ章、註（1）および（2）参照。

（2）*A.a.O., Soziologische Aufklärung*, S.212ff.

（3）*A.a.O., Soziologische Aufklärung 2*, S.111f.

（4）このような理解に立てば、たとえば前述した多元的思考、相対的思考が、それ自体としてなんら意味を持たないことが、より明確に理解される。多元的なるもの、相対的なるものは、それ自身が多元化され、あるいはまた相対化される、そうした論理構造をもって語られない限り、多元という単一に、また相対という絶対にとどまっている。第Ⅰ章、註（3）および、このアポリアとそれを克服する一つの試みについて、拙稿「閉鎖系システムの理論による宗教対話の論理」（土方透編著『宗教システム／政治システム――正統性のパラドクス』新泉社　二〇〇四年　所収）を参照されたい。Toru Hijikata, Die Logik interreligiösen Dialog nach der Theorie des geschlossenen Systems, in: G.Wgner (Hrsg.) *Soziologische Zugänge zu Religion und Kirche*, Würzburg 2012.

（5）Niklas Luhmann, *Soziologische Aufklärung 5*, Opladen 1990, S.60f.

（6）馬場靖雄「複雑性という記述形式」（松岡正剛他『複雑性の海へ』ＮＴＴ出版　一九九四年）二七六頁。および、同「社会学的啓蒙の諸相」（『ソシオロゴス』No.22、一九九八年）二三頁、参照。

（7）さらに、このとき採用されなかった（否定された）視点は、破棄されるのではなく、可能性の在庫として背後におかれ、さらなる選択を待つ対象となる。つまり、一度された否定（採用されなかったということ）をもう一度否定することで、前面に登場することのできるそうした交換可能な配置のなかに位置する（否定の否定）。*A.a.O., Theorie der Gesellschaft oder Sozialtechnologie*, S.35-37. および本書一七頁を参照。

(8) 一般にシステム理論は、一九六八年に出版されたベルタランフィの『一般システム理論』(長野敬訳、みすず書房　一九九〇年)をもって、その先駆的業績とされる。このベルタランフィの著作は、中世の神学者ニコラウス・クザーヌスへの献辞をもって始まっている。ベルタランフィは同書冒頭で、システム概念の歴史の始まりをクザーヌスに位置づけ、さらにその最終部分を「全体はすべての部分により輝く(ex omnibus partibus relucet totum)」というクザーヌスの言葉で締めくくる。それに対し、ルーマンは「部分の集合は全体よりも大きい」とする。*A.a.O. Theorie der Gesellschaft oder Sozialtechnologie*, S.349. 本書一三七頁をも参照。

(9) 偶発性について本書八～九頁、関係化について本書二五頁を併せて見られたい。また、偶発性の形式と正義の関係について、*a.a.O., Das Recht der Gesellschaft*, S.214-238.(訳、二三五～二六〇頁)参照。

(10) Niklas Luhmann, *Die Wissenschaft der Gesellscahft*, Frankfurt am Main 1990, S.84.

(11) ルーマンは、オートポイエーシスの概念を得て『法社会学』の二版で最終章を書きあらためている。ここで改めて〈妥当性〉について言及している。*A.a.O., Rechtssoziologie* 2aufl., S.358. 参照。

(12) それでも「内容」からこの問題を突き詰めようとするならば、その「内容」は循環によって支えられているということができる。つまり内容の内容ではなく、内容を(循環によって)指示する形式である。この点については、後出第Ⅳ章、2(2)「法は法である」を参照。

(13) この接続は、そのつど必然としてなされる。より正確にいえば、偶然として理解された接続も、その必然において理解・解釈される。その場合も、つねに他の可能性が惹起される。ここでも偶発性《コンティンゲンツ》が重要な働きを担う。ちなみに、偶発性《コンティンゲンツ》は神学の概念にあって「偶然性」とされる。たとえば運命は、人間にとって偶然なのか必然なのか。われわれはそれを偶然／必然-区別を超えて、「神の意志」として受け取る。そして、その偶然／必然-区別関係を、別の偶然／必然-区別関係に接続するのである。その接続が、全体として「神」を観念させる。ここではこの接続の全体が「法」(の妥当性)という観念を可能にするということを示している。第Ⅴ章、註(21)を参照。

(14) たとえば、*a.a.O.*, Positives Recht und Ideologie, in: *Soziologische Aufklärung*, S.180-181.(拙訳「実定法とイデオロギー」『社会システムのメタ理論——社会学的啓蒙』土方昭監訳、新泉社 一九八四年、一八六頁所収)。ルーマンは法システムを作動のうえで閉鎖されたシステムであるととらえるなかで「妥当をシステムの固有値である」と指摘する。*A.a.O.*, *Das Recht der Gesellschaft*, S.101.(訳、一〇六頁)参照。および本書、第Ⅳ章「正当性」参照。

(15) 前掲「複雑性という記述形式」二七七頁、参照。

(16) 個々の判断に際して、先に挙げたような、さまざまの理由・根拠——自然、理性、合理的判断、利益、民意、歴史の発展法則、民族の目標、国際情勢等々——が用いられることもあろう。しかし、それはその接続においてそのつど一回的に用いられるのであり、それ自体として偶発的なものである。

(17) 「コンセンサスは法妥当の条件ではありえない」。*A.a.O.*, *Das Recht der Gesellschaft*, S.261f.(訳、二八四頁)参照。

(18) 「重要なのはむしろ、いかなる状況においても、『現行の法は、問題となっている点に関して、変更されるべきか否か』と問いをたてうる、ということなのである。したがって、法の妥当は統一性にではなく、差異に依拠していることになる。法の妥当は目に見えず、また〈発見〉されるようなものではない。妥当は、継続的な再生産のうちにあるからである」。*Ebenda*, S.281.(訳、三〇三〜三〇四頁)参照。

（1）ルーマンは、法の安定化（Stabilisierung）と解釈に関してつぎのように指摘する。「法の安定化および再安定化が、特定の規範の単純な妥当から規範の間の一貫性へと拡大されるためには、精錬された法解釈学が必要となる。そのような解釈学によってこそ、法システムがその変動においてもシステムとして保たれているということが、保証されるのである」。*Ebenda,* S.275.（訳、二九七頁）参照。

（2）かかる三点については、野家啓一「科学と人間」『実存主義』八八号など、パラダイム理論に関する叙述を参照。

（3）この点について、ルーマンはたとえば「複雑で迅速に交替する変化・需用を伴う社会においては、構造依存的な問題体験の進行している修正と進化のチャンスの時機をえる認識は、継続する発展の条件であり、その現実化はもはや固有な要素の『偶然の』出会いにゆだねられることはなく、むしろ研究の組織化を必要とするものである」とし、構造的変化に対する可能性として、価値のイデオロギー的性格および真理の仮定的性格に加え、法の実定性を挙げている。*A.a.O., Soziologische Aufkläarung,* S.263.

（4）コンフリクトに関する議論として *a.a.O., Das Recht der Gesellschaft,* S.159ff.（訳、一七〇頁以下）、*a.a.O.,* Konflikt und Recht, in: *Ausdifferenzierung des Rechts,* S.92-112. 参照。端的にいえば、法は、一定の法構造を維持しつつそれぞれの事例に対応すべく変化するが、その際、コンフリクトと法の使用形式は、法の複雑な構成によって媒介される。

（5）「このような立場からすると、規範とは、抗事実的に安定化された行動予期であると言える」。*A.a.O., Rechtssoziologie* 2aufl. S.43.（訳、五〇頁）。

（6）本章、註（4）参照。

（7）この「未来」へ向けられたベクトルがあきらかになるならば、本章冒頭で指摘したコスモス的世界観の変更は、よりラディカルに認識されよう。すなわち、現時点は、つねに最高の状態ではありえないからである。コスモス的世界観からリスク的世界観への転換について、土方透編著『リスク――制御のパラドクス』新泉社二〇〇二年、「リスクの自己増殖」の項（一一一～一一四頁）参照。

（8）ルーマンは次のように指摘する。「法システムは、事案に関する決定の間の一貫性（冗長性）を厳格に要求することを、放棄しなければならない。あるいは、より高度な変異性と両立可能な形式を見出さなければならない。そうすることによって初めてより多くの、多様な種類の事案を処理できるようになるのである」。*A.a.O., Das Recht der Gesellschaft*, S.290.（訳、三一四頁）。

（9）*Ebenda*, S.126f.（訳、一三三頁）。

（10）*Ebenda*, S.143ff.（訳、一五二頁以下）。

（11）予期に関する基礎的議論として、*a.a.O., Rechtssoziologie* 2aufl., S.40ff.（訳、四七頁以下）。

（12）*A.a.O., Das Recht der Gesellschaft*, S.269ff.（訳、二九二頁以下）参照。制度化と安定化に関する分析は、*a.a.O., Rechtssoziologie* 2aufl., S.64ff.（訳、七五頁以下）。

（13）*A.a.o., Das Recht der Gesellschaft*, S.105ff.（訳、一一〇頁以下）。

（14）ルーマンは法の機能を予期に関連づけて「法の機能はもっぱら予期の確実性を可能にすることにある。しかも、予期外れを無視することも阻止することもできないという条件下において、である」と指摘する。*Ebenda*, S.152f.（訳、一六二～一六四頁）参照。

第Ⅳ章

(1)「法は循環的に構成され、また法を統一として記述しようとする観察者は、それゆえトートロジカルな定式化へ手を伸ばさなければならない」。Niklas Luhmann, *Die soziologische Beobachtung des Rechts*, Frankfurt am Main 1985, S.26.（『法の社会学的観察』土方透訳、ミネルヴァ書房 二〇〇〇年、三四頁）参照。

(2) Niklas Luhmann, *Essays on Self-Reference*, New York Oxford (Columbia U.P.) 1990, p.231.（『自己言及性について』土方透・大澤善信訳、国文社 一九九六年、二八四頁）。「オースチン、デュルケームまたケルゼンは、循環性を避け、法の妥当性をなにかあるものに基礎づける試みを競って提案した。しかし、妥当性は循環性である」。

(3) 河上倫逸編『社会システム理論と法の歴史と現在――ルーマン・シンポジウム』未來社 一九九一年、三六〇頁。「法の根拠づけの問題とは、……パラドクスをいかにして隠蔽ないし希釈するかなのだ」。

(4) "Und Gott lachte", Gunther Teubner, *Recht als autopietisches System*, Frankfurt am Main 1989, S.7 u. S.20.（G・トイプナー「…そして神は笑った」『オートポイエーシス・システムとしての法』土方透・野崎和義訳、未來社 一九九四年、九、二七頁。）

(5) *A.a.O., Die soziologische Beobachtung des Rechts*, S.16.（訳、一五頁）。

(6) この議論については、*a.a.O., Das Recht der Gesellschaft*, S.143ff.（訳、一五二頁以下）、および *Die soziologische Beobachtung des Rechts*, S.24ff.（訳、三二頁以下）参照。

(7) 法システムにおけるコードの特性については、*a.a.O., Das Recht der Gesellschaft*, S.174ff.（訳、二〇二頁以下）。

(8) たとえば、Niklas Luhmann, *Die Gesellschaft der Gesellschaft*, Frankfurt am Main 1997, S.755. を見よ。

（9）前掲、河上倫逸編『社会システム理論と法の歴史と現在——ルーマン・シンポジウム』三七〇頁。

（10）N・ルーマン「第三の問い——法および法史におけるパラドックスの創造的活用」馬場靖雄訳　三六四〜三六五頁（前掲『社会システム理論と法の歴史と現在』所収）。

（11）"De venatione sapientiae", zit. nach Nikolaus von Kues, *Philosophisch-Theologische Schriften*, hrsg. von Leo Gabriel, Bd.1, Wien 1964, Bd.1, S.58.

（12）この点について、より詳しくはクザーヌスと社会システム理論の関係について論じた、Toru Hijikata, Systemtheoretische Umformulierung des Begriffs "Gott": Identität der religiöse Kommunikation, in: *Informationes Theologiae Europae*, 1988. および土方透「社会の自己記述——社会学的啓蒙」『社会思想史研究』No.22、一九八八年、一〇〜一二頁、参照。

（13）Niklas Luhmann, *Soziologische Aufklärung 4*, Opladen 1987, S.263.

（14）Niklas Luhmann, *Gesellschaftsstruktur und Semantik 3*, Kap.1, Frankfurt am Main 1989.

（15）Niklas Luhmann, Operational Closure and Structural Coupling: The Differentiation of Legal System, in: *Cardozo Law Review*, Vol.13, No.5 (1992), p.1431.（前掲『法の社会学的観察』所収、一〇一頁）。

（16）Johannes Scotus Erlugena, Periphyseon (De divisione naturae) I, I und II, zit.nach der Ausgabe von I.P. Sheldon-Williams, Bd.I, Dublin 1987, S.37ff.

（17）Niklas Luhmann, *Rechtssystem und Rechtsdogmatik*, Stuttgart Berlin Köln Mainz 1974, S.48.（N・ルーマン『法システムと法解釈学』土方透訳、日本評論社　一九八八年、六二頁）。

（18）Hans Haferkamp und Hans Schmid, *Sinn Kommunikation Soziale Differenzierung: Beiträge zu Luhmanns Theorie sozialer Systeme*, Frankfurt am Main 1987, S.317.

（19）B. Elmar Holenstein, *Von der Hintergehbarkeit der Spreche*, Frankfurt am Main 1980.（エルマー・ホーレンシュタイン『認知と言語　現象学的探求』村田純一・柴田正良・佐藤康邦・谷徹訳　産業図書　一九八四年）参照。およびWolfgang Kuhlmann, *Unhintergehrbarkeit-Studien zur transzendental Pragmatik*, Würzburg 2010.

（20）ゲーデル以降の論理学との関係について *a.a.O., Das Recht der Gesellschaft*, S.152.（訳、一五四頁）。

（21）*A.a.O., Die soziologische Beobachtung des Rechts*, S.36.（訳、四九頁）、*a.a.O., Das Recht der Gesellschaft*, S.152.（訳、一五四頁）。

（22）河上倫逸編『社会システム理論と法の歴史と現在――ルーマン・シンポジウム』三七四頁、参照。

（23）*A.a.O., Rechtssoziologie* 2aufl., S.348.（訳、三七七頁）。

（24）法の具体的妥当性と法的安定性の議論は、ここに結びつけられなくてはならない。すなわち、法システムの進展と維持が同時におこなわれているというメカニズムの解明が必要なのであり、妥当性と安定性は、一つの作動の異なった側面である。

（25）「教会は改革され続けなければならない」。

（26）Niklas Luhmann, *Soziale Systeme: Grundriß einer allgemeinen Theorie*, Frankfurt am Main 1984, S.10f.（『社会システム理論』（上）佐藤勉監訳　恒星社厚生閣　一九九三／五年、viii頁）。

（27）*A.a.O., Die soziologische Beobachtung des Rechts*, S.28.（訳、三六頁）。

第Ⅴ章

（1）たとえば、*a.a.O., Rechtssoziologie* 2aufl., S.8.（訳、八頁）。「社会がより高度の複雑性をもつものへと発展するにつれて、法は次第に抽象的なものとなり、多種多様な状況のために概念と解釈の柔軟性を獲得し、ついには決定によって変更しうる法、すなわち実定法にいたらざるをえない」。

(2) このアポリアを脱するには、神学的な二つの途があろう。一つは、「それ自体は把握できない聖なる本質(divinam essentiam per se incomprehensiblem esse)」の主張である(*A.a.O.*, Periphyseon (De divisione naturae) I, I und II, S.37ff.)。
もう一つは、クザーヌスの「非他なるもの(De non-aliud)」「他のものとは別のものではないもの」をラディカルに展開する議論である。ここに、神学が問題にする「神の観察」、すなわち「神は神自身の観察を観察できるか」という問題が、現われてくる。この問題は、即もう一つの選択肢に繋がる。すなわち、ここで展開する「区別の区別」の議論である。この点について、『ルーマン、学問と自身を語る』土方透・松戸行雄編訳、新泉社 一九九六年、二三八～二三九頁、参照。さらに法実証主義に見られるように、規則の規則へと議論を展開する脱出口があるが、後述するように、それは「区別の区別」の議論へと回収されるように思われる。

(3) D・ホフスタッダー『ゲーデル、エッシャー、バッハ――あるいは不思議の環』(野崎昭弘・はやしはじめ・柳瀬尚紀訳、白揚社 一九八五年)六七三頁以下を参照。あるいは、"Und Gott lachte", *a.a.O.*, *Recht als autopietisches System*, S.7 u. S.20.(前掲、G・トイプナー「…そして神は笑った」『オートポイエーシス・システムとしての法』九および二七頁)。

(4) *A.a.O.*, *Das Recht der Gesellschaft*, S.32.(訳、二八頁)。

(5) 本書、第I章、2(2)「法の展開」参照。

(6) ルーマンによるならば、「あらゆる法は妥当している法である。妥当していない法ではない。したがって、妥当を認識する規則はありえない。そもそも法システムの内部では、あらゆる規則の適用可能性/適用不可能性を規制するような規則は、存在しえない。かくして問題は、外部にある基礎を参照することによって、

《ゲーデル化》されなければならなくなる」ことになる（*ebenda*, S.102f. 訳、一〇六～一〇七頁）。ここでは、さらに自己差異化（自己の用いる区別を自己に用いる区別に参入し続ける――再参入《リエントリー》）へと展開し、ゲーデル化をさらにシステムのダイナミズムのなかに回収することを試みている。

（7）「規範は、以前の、そして以後の実践を通して維持される。つまり、作動のシークエンスを通じてである。作動が連続するなかで、規範は同一のものとして圧縮されるのである」。*Ebenda*, S.80f.（訳、八一頁）。

（8）*A.a.O., Rechtssoziologie* 2aufl., S.106f.（訳、一一一～一一二頁）。さらに、この議論を時間軸上に展開すると、妥当は過去を振り返り、未来を先取りするなかで、現われてくるということになる。すなわち、「以前妥当していた法の状態／今後に妥当する法の状態」という差異が、妥当というシンボルにおいて統一される（*a.a.O., Das Recht der Gesellschaft*, S.102. 訳一〇七頁）。この点については、本章4で扱う。

（9）シンボルとしての法の妥当については*a.a.O., Das Recht der Gesellschaft*, S.98.（訳、一〇二～一〇三頁）参照。

（10）法を法システムととらえるルーマンは「法の妥当の源泉は法システム自身である」と述べる。*Ebenda*, S.165.（訳、一七八頁）。

（11）*A.a.O., Rechtssoziologie* 2aufl., S.46f.（訳、四四頁）。

（12）*A.a.O., Das Recht der Gesellschaft*, S.144.（訳、一五三頁）。「法がそもそも法であるのは、規範的予期が規範的に予期されているということが、予期される場合」であり、その際、法は「階層的ではなく並列的に」決定されている、とされる。以下、詳述する。

（13）「平等」に関する非対称化の例として、*a.a.O., Rechtssoziologie* 2aufl., S.111f.（訳、一一七～一一八頁）。

（14）この問題をルーマンは、アリストテレスの『命題論』第九章に由来させて論じている。*A.a.O., Das Recht der*

(15) *Gesellschaft*, S.171, Amn.11.（訳、三七三頁、注11）。

(16) *A.a.O., Rechtssoziologie* 2aufl., S.198.（訳、二一四頁）。

(17) リスクとの関係から決定について言及するならば「不利益をもたらす帰結が生じる可能性を孕んだ決定である」ということになる。*A.a.O., Das Recht der Gesellschaft*, S.141.（訳、一四九頁）。

(18) 時間上の連鎖の問題について、Niklas Luhmann, Temporalisierung von Komplexität: Zur Semantik neuzeitlicher Zeitbegriffe, in ders, *Gesellscahftsstruktur und Semantik* Bd.1, Frankfurt am Main 1980, S.235-300.

また、コンフリクトからこのことを考えるならば、「法はコンフリクトを除去するだけでなく、コンフリクトを産み出すこともある。法に依拠することによって、要求を拒絶したり、社会的圧力に抵抗したりできるからである。ただし、その際、法はあくまでも、どのような動機によるものであろうと逸脱行動がつねに可能であるということが予見されているという前提のもとに働くのである」。*A.a.O., Das Recht der Gesellschaft*, S.141.（訳、一四七頁、引用者による訳文変更）。

(19) 「旧い法として現状にくりこまれてゆくことになるものが、たえず新しく生産される」のである。*A.a.O., Rechtssoziologie* 2aufl., S.348.（訳、三七七頁）。

(20) ルーマンの表現を借りよう。「ヘーゲルは彼の体系のなかに、体系そのものにたいする場所を見いだしていない。それは、いわば世界精神の秘書として把握されなければならなかったのであろう。フッサールの超越論的現象学は、そこではコミュニケーションがなにかうわべだけのものにすぎないそうした独自の意識の自己分析に依拠している。したがって、超越論的理論家は自己自身を適切にコミュニケーションもできず、しかもみずからの手の内をあかさない理論家として記述されなければならないであろう」。「日本語版への序」『法と社会システム――社会学的啓蒙1』改訳版、土方昭監訳、新泉社　一九八八年。

（21）この問題は、神学の議論のなかに、さらなる展開を見ることができる。神を偶発性定式（Kontingenzformel）として論じ、超越／内在-区別の区別化を論ずる理論に、そのポテンシャルを見て取ることができる。ルーマンの宗教に関する著作、*Die Funktion der Religion*, Frankfurt am Main 1977.（『宗教社会学——宗教の機能』土方昭・三瓶憲彦訳、新泉社　一九八九年）"Unterscheidung des Gottes", in *Soziologische Aufklärung* 4 Kap.IV), Opladen 1987.（「神の区別」『宗教論』土方昭・土方透訳、法政大学出版局　一九九四年　所収）、*Die Religon der Gesellschaft*, Frankfurt am Main 2000 および B. Oberdorfer, „Der liebe Gott sieht alles". - und wir schauen ihm dabei zu: Theologische Randbemerkungen zu Luhmanns Bestimmung von Gott als "Kontingenzformel'", G. Thomas, Die Unterscheidung der Trianität und die Einheit der Kontingenzformel Gott: in *Soziale Systeme* (Heft 1/Bd.7).（土方透編著『宗教システム／政治システム——正統性のパラドクス』新泉社　二〇〇四年　所収）参照。

第Ⅵ章

（1）体系の原語は、ギリシア語の systēma「まとまったもの」に由来し、「部分を集めてできている全体」「部分ないし断片を組み立てた結果としての全体」を表わしていた。すなわち、相互に関連しあう各部分を一定の連関において組み合わせた全体を表わすものとされた。

近代では、カントによって体系は「一つの理念のもとにおける多様な認識の統一体」であり、「理性の支配を受けるかぎり、われわれの認識は一般に、断片的集積をなすものではなく、体系を構成するものでなければならない」（『純粋理性批判』A832, B860）とされ、またヘーゲルにおいて「真理が現実に存在するためにとりうる真の形態は、学問としての体系のほかにはない」（『精神現象学序論』Suhrkamp 版、S.14）とされる。

これらから体系とは、一定の原理ないし知識のもとに秩序づけられた統一体、知性による認識の組織化された全体などをも表わすものであると理解される。したがって法が体系であるといった場合、法には統一性がある、ないしは法は統一体である、ということが観念されている。

なお法の体系性については、ここに挙げたサヴィニーの定式化の他、「完全に整序され尽くされている統一体」（シュタムラー）、「統一的観点にしたがって秩序づけられた（法概念の）総体」（ビンダー）、「その統一的に関連づけられた秩序として表わされる、一つの意味的構造という知識領域の叙述」（ヘグラー）、「統一的」に秩序づけられた全体（シュトール）、「統一的観点に基づく認識の秩序」（コーイング）などという定式化がK-W・カナリスによって整理されている（『法律学における体系思考と体系概念――価値判断法学とトピク法学の懸け橋』木村弘之亮代表訳、慶應義塾大学法學研究會　一九九六年、六頁）。

（2）栗生武夫「法律解釈学の神学性はいかに始ったか（法の変動）」（底本『法の変動』岩波書店　一九三七年）、同「法律解釈学の神学性はいかに始つたか（法学志林）」（底本『法学志林』第34巻9、10、11号　一九三二年）、私立玉川用賀村中央図書館（新館）栗生武夫電子文庫（http://home.q02.itscom.net/tosyokan/data/kuryu.htm 所収）。

（3）「閉鎖性」とは、システム理論の用語である。そこでは、「システムがその環境への関係を確立しうるのは、自己の営みによってのみである。あるいは、自己の作動を実行することによってのみであるといってもよい。そしてその作動は、回帰的な関係づけを通して初めて可能となるのである、われわれはこの関係づけを閉鎖性と呼ぶ」とされる。*A.a.O., Das Recht der Gesellschaft*, S.76f.（訳、七八頁）参照。

一方、カナリスは法システム（法体系）を、その可動性と並べて、開放性から論ずる。そこでは、開放性の名のもとに非完結性、発展可能性、修正可能性が指摘され、危険責任における危険原則、権利概観責任・契約締結上の過失に関して信頼の原則、行為基礎の制度における実質的相当因果関係、民法上の詐欺の抗弁・失権に関する学説・この原則から発展した多くの行為義務における信義誠実の原則が、法システム（法体系）を支え・修正する要因として挙げられている（前掲『法律学における体系思考と体系概念――価値判断法学とトピク法学の懸け橋』五一頁以下、参照）。本章、註(4)をも見よ。

(4) システム理論は、「開放性」「閉鎖性」についてこの事態を「法は規範的に閉じているが、認知的には開いている」(Niklas Luhmann, „Die Einheit des Rechtssystems" in: *Rechtstheorie 14* (1983) S.139、「法の統一性」『ゲルマニスティクの最前線』中野敏男訳、リブロポート 一九九三年、二〇一頁)、*a.a.O., Das Recht der Gesellschaft*, S.76.（訳、七八頁）あるいは「開放性は閉鎖性に基づく（L'ouvert s'appuie sur le fermé）」(Edgar Morin, *La Méthode*, Paris: Seuil 1977 I-201.）と説明する。さらにこのシステムの「開放性」と「閉鎖性」ということを同時に表現したものが、「閉じられたシステム」ということになる。つまり、そこには、開いているものが「閉じられた」という含意がある。Niklas Luhmann, Operational Closure and Structural Coupling: The Differentiation of legal System, *Carsozo Law Review Vol.13* (1992)（前掲『法の社会学的観察』所収）参照。

前出、註(3)で挙げたカナリスにおける法システム（法体系）の開放性と可動性の議論は、この「閉じられたシステム」の議論において、より原理的に――法およびその現象面からのみの説明ではなく――説明されると考えられる。

(5) ケルゼンおよびハートの議論について、*a.a.O., Das Recht der Gesellschaft*, S.101f.（訳、一〇六頁）。

(6) A・P・ダントレーヴは、ケルゼンの「いま指摘した種類の規範が国家法秩序の根本規範であるということは、この規範を越えてその彼方に行くのが不可能であるという意味を含むものではない」という言葉を引き、

「自然法の提題にほかならない」と断言する（『自然法』久保正幡訳、岩波書店　二〇〇六年、一六七～一六八頁）。

（7）言語哲学における「言語の背後遡及不可能性」と同様の問題である。第Ⅳ章、註（19）およびそれに相応する本文の箇所を参照されたい。また *a.a.O., Das Recht der Gesellschaft*, S.109.（訳、一一四頁）をも参照。

（8）このような理解に立てば、政治的要素、経済的要素など、法以外のものが第二次的ルールにくみ取られる余地は、本来的にない。たとえば政治的な意図をもって内容と手続のルールを横断し、法を法的手続を用いて変更する行為は、法の自己完結性に抵触し、それゆえ法体系に対する破壊行為となる（第Ⅳ章末尾参照）。その限りで、憲法の規定に基づく憲法の全面改正・新憲法の制定を憲法改正の手続の議論にのみ集中することでもくろむこともこれにあたる。なぜなら、憲法を超えた視点は憲法のなかには存在しえず、したがって、憲法によって規定されるところの改正手続の議論は、憲法の第一次的ルールにより内容的に支えられなくてはならないからである。したがって法的ないし自己完結的に可能な改正は、暫時的部分改正のみであり、それ以外は、革命・占領・神託などと同様に、法外部の力による暴力《ゲヴァルト》に他ならない。もちろんそれらは、そのようなものとして可能ではあるが、けっして「法的」ではない。

（9）もしハートによる「承認の第二次的ルール」を、法外部による基礎づけと理解する場合、その外部による基礎づけを内部の作動として厳格に基礎づけることができるならば、完結性は確保されうる。その際、法の内部視点からは合法／不法-コードに基づく分岐（本書第Ⅳ章3）がなされるだけである。

（10）本書、第Ⅳ章、註（18）および該当する本文をも参照。

（11）G・ラートブルフ『法哲学』東京大学出版会　一九六一年、一一一頁。超越／内在-区別の内部化については、第Ⅴ章註（21）で挙げた「神の区別」および G. Thomas の論考を参照。

(12) 規範性の視点からの同じ例による指摘として、本書一〇一頁を参照。また閉鎖性について、同様なことは政治でも確認される。たとえばデモクラシーは、政治的なものを国民の主権のもとに基礎づけることによる、政治の内部作動とみなすことができる。すなわち、支配するものと支配されるものとの一致である。デモクラシーにおいて、市民はその客体であると同時に主体でもある。決定を受けると同時に、かつ決定を下すものだからである。この点について、たとえば Niklas Luhmann, *Die Politik der Gesellschaft*, Frnakfurt am Main 2000, S.357.

(13) 本書、第Ⅳ章6「法の脱-不完全性」参照。

(14) 本書、序章、註(2)参照。

(15) つまり、「理論と実践」(ハーバーマス)ではなく、「理論の実践」(ルーマン)である。J・ハーバーマス『社会哲学論集――政治における理論と実践(1・2)』細谷貞雄訳、未來社 一九六九~七〇年、および Niklas Luhmann, Praxis der Theorie, in *a.a.O. Soziologische Aufklärung* (N・ルーマン「理論の実践」『社会システムのメタ理論』土方昭訳、新泉社 一九八四年 所収)参照。

(16) 本書で言及してきた、自己の用いる区別を自己の用いる区別に参入させることを「再参入《リエントリー》」という。これについて、George Spencer-Brown, *Laws of Form*, 1994 (Limited Edition), Cognizer co. pp. 69-76.(G・スペンサー=ブラウン『形式の法則』大澤真幸・宮台真司訳(一九六九年初版訳)、朝日出版社 一九八七年)、Francisco Javier Varela, *Principles of Biological Autonomy*, North Holland 1979, pp. 122-169, Niklas Luhmann, *Die Wissenschaft der Gegellschaft*, Frankfurt am Main 1990, S. 83ff., Niklas Luhmann, Dekonstruktion als Bebachtung zweiter Ordnung, in Henk de Berg/ Matthias Prangel (hrgs.), *Differenzen*, Tübingen und Basel 1995, S. 9-35. および本書第Ⅴ章、註(6)参照。

結章

(1) なおルーマンは、実定法、実定性に関する従来の理解に異論を唱え、みずから再定式化を試みる。その議論にあたり彼は、つぎのように述べている。「論じられるべきは、実定性の概念は理論的に十分なものではないということである」、あるいは「しかしいずれにしても、〈実定性〉という不十分な概念を用いて指し示されてきた問題を、きっぱりと別の概念で定式化した方がよいのではないかという疑問が残るのである。以下で、われわれは、システム論的な手法を用いてそれを試みることになる」と。*A.a.O., Das Recht der Gesellschaft,* S.38, 40.（訳、三六、三八頁）。ルーマンによる実定法に関する集中的な議論として *a.a.O., Rechtssoziologie* 2aufl., S.207-353. さらに現代社会との関係では *a.a.O.,* Positivität des Rechts als Voraussetzung einer modernen Gesellschaft: in *Ausdifferenzierung des Rechts,* 1981, S.113-153. 参照。また、自然法との対比では、*a.a.O., Das Recht der Gesellschaft,* S.565-568.（訳、六五〇〜六六二頁）参照。

(2) 「だから実定法においては、法律に合致しているところのものが、なにが正しい法であるか、あるいは厳密に言えば、なにが合法的であるかということの認識の典拠なのである」（ヘーゲル『法の哲学』§二一二）。

(3) 第Ⅱ章、註(8)を参照。

(4) *A.a.O., Soziologische Aufklärung,* S.212. これを、社会システム理論のコンテクストでいえば、社会が法の環境（Umwelt）であることを示している。本来は、世界（Welt）があらゆるシステムの最終地平たる環境であるが、法/社会-差異においては、法にとって社会は、あらゆる「別様のものがありうる」地平である。

(5) 前出（V章、註(19)）で挙げた「旧い法として現状にくりこまれてゆくことになるものが、たえず新しく生産される」（*a.a.O., Rechtssoziologie* 2aufl. S.348.（訳、三七七頁））という記述が、さらにラディカルに表わされよう。

あとがき

本書は、冒頭で掲げた「法は、作られた場と使われる場が時間的・空間的に異なるにもかかわらず、この社会において、つねに妥当する」ことを根本テーゼとし、その再定式化を通じて議論してきた法の諸属性を、最終的に法の実定性に収斂させることを試みたものである。この法の実定性ないし実定法というものの有する機制《メカニズム》は、法の議論にとどまらず、さらに、ある重要な意義を有していると思われる。

学問の分野でも社会・文化的分野でも、旧来の一元的・絶対的価値観の世界の隘路が指摘され、また構造主義、文化人類学などによる別の可能性の提案を受け、さらにはユーロセントリズムに対する反省などから、価値の多元化、世界観の相対化が指摘されて久しい。しかし、こうした主張は、その主張そのものが、それ自身に対しても向けられなくてはならない。つまり、多元主義そのものが多元的であり、相対主義そのものが相対的でなくてはならない。そうでなければ、そうした主張は、そのものとして矛盾を抱え持っていることになる。しかし、それらの多くは、自己の立場を自己の指摘を免れる特権的な場所に位置させることによって、それ自身を可能にしているか、その問題を避けている。こうしたアポリアは、多元性あるいは相対性にのみ関わるものではない。
たとえば、社会ないし社会に生じるさまざまな出来事を対象とする諸学問は、それが社会に対する観察をおこなうと同時に、その観察自身が社会のなかでなされているということ、つまり、その指摘の対象となる当の社会のなかでなされているという問題を自覚しなくてはならない。そうした自己観察の問題を離れて社会を観察しているかのような議論は、自己を自己のなす指摘の対象から密かに外すことで、その指摘を可能にするのである。この自覚を学問的に持つことにより、われわれの存する社会の描写を、あたかも外部から観察することが可能であるかのような立場の擬制を暴かなくてはならない。

同様なことが、自己ないし主体に関する議論にも見られる。はたして自己の認識の確実性は、自己において確認しえるのであろうか。いうまでもなく近代は、デカルトの「我思う。ゆえに我在り。」(cogito ergo sum)で始まった。疑う自己の存在を疑いえないということを、もっとも基底的で確実な第一原理(unum necessarium)としたのである。ここに近代の出発点となる「主体」が、実体的に位置づけられる。しかし、近年、従来の実体に関する議論に代わって、機能、構造、関係、あるいは他者、相互行為、コミュニケーションなどの問題とそれを用いた議論の有効性が指摘されるようになってくると、はたしてそうした自己の確実性にのみ定位する議論は、それほど確実なものなのであろうか。さらに、そうした自己が存在する社会というものを考えた場合、そもそも自己が自己を規定することは、可能なのだろうか。

これらのアポリアは、同一の問題を抱えている。自己が自己について言及することによって生ずる問題、すなわち自己言及性の問題である。この問題の出口は、簡単には見えてこない。それゆえ、この問題は正面から扱われずに、あるいはなんらかの（隠し持った）装置の助けを借りて、巧みに回避されている。しかし、このことから逆に、自己が自己に言及することを正面から取り扱う理論の重要性が際立ってくる。

現代の社会において機能する法、すなわち実定法は、この自己言及性を利用した法と考えられる。つまり、法が法によって制定され、法を法において展開しているからである。この社会において制定されると同時にこの社会を規制し、また、法が法的決定により法として機能することができるからである。より積極的にいえば、実定法こそが、このアポリアを巧みに回避し、それをさらに創造的に利用しうる有効かつ希有な法の形式である。したがって、これを法の具備する類い希な潜在能力《ポテンシャル》として、より積極的に評価し、かかるアポリアの出口を探る議論と結節すべき途があるのではないだろうか。

これに対して、法に関する議論には、依然として旧来の伝統的枠組の残滓が見受けられる。法の神聖性ないしは超越性といったものが、議論の背後に隠し持たれているかのようである。あるいは逆に、実定法として旧来の伝統的枠組みから分け隔たれた結果、法の機能のメタ考察は、議論そのものから排除されているかのようである。しかし、これらのことが、この社会での法の有り様というものを見えにくくしているのではないか。あるいは、ある（なにがしかの意図に基づいた）フィルターを通した法の分析を余儀なくしているのではないか。したがって本書では、社会における法の働きを、法が備え持つ（固有の）論理に即して理解していくことを試みたつもりである。

「自然の法律はもっとも完全であり、そして不変である。ところが、人間の法の状況はつねに無限にうつりかわり、そして、永久に不動でありうるようなものはそのなかにはなんら存在しない。人間の法律は生まれ、生き、そして死ぬ。」（Calvin 7, Coke's Reports, King's Bench 25a）

たしかに人間の法である実定法は、完全でも不変でもない。しかし、実定法は、社会のなかで創造的に自己展開していく。本書を通じて、こうした実定法の潜在能力《ポテンシャル》の理解に、なんらかの示唆を示すことができたならば、著者として、それ以上のものはない。

* * *

本書は、きわめて主観的な動機・私的な理由から書かれている。それは、本書冒頭で根本テーゼとして掲げたものが、当時、法学部の一学生となった筆者にとって、重くのしかかっていたことに端を発している。こうした問題意識に一筋の光明を与えてくれたのがドイツの社会学者N・ルーマンの理論であった。学部卒業後は、もっぱらルーマンの社会学理論に関わっていたが、一九九五年、この疑問を持つきっかけとなった当の母校の法学部から「法社会学」の兼任講師の依頼があり、以来、この問題の解明に向けて講義を展開してきた。十余年を経て到達した講義の結論部分をさらに展開し、ここに上梓した次第である。

本書で展開した議論の背景にあるルーマンのシステム理論においては、非常に多くのことが、高度の理論によって展開されており、そこから本書とは別のテーマおよび別の解法をいくつも導き出せるであろう。逆にいえば、本書はルーマンの理論に触発され、またそれを用いて、上記の根本テーゼの解明に集中して論じたものである。したがって、読者におかれて、この問題意識、あるいは、この解明の仕方になんらかの共感を得られるならば、このうえもない喜びである。

なお、本書各章において、元となった論文があるものについて、その出典を記しておく。基本的に、本書において大幅に加筆修正されている。

I．普遍性：「進化する普遍理論」（土方透編著『ルーマン／来るべき知』終章、勁草書房　一九九〇年）、Das sich entwickelnde System: Die universale Theorie in der gegenwärtigen Wissenschaften, in: *Rechtstheorie/ Beih. 12*, Duncker und Humbolt Berlin 1991.

II．妥当性：「ルーマンを召還せよ：『作用史』と『システム論的理性批判』」（『現代思想――総特集システム』二〇〇一年一二月）。

IV．正当性：「ポスト・グルンド・ノルム――脱‐根本規範」（ルーマン『法の社会学的観察』土方透訳所収、二〇〇〇年、ミネルヴァ書房）、Kann es eine Letztbegründung des Rechts geben?:

Die Systemtheoretische Begründung des Rechtsnorms, in: *Archiv für Rechts- und Sozialphilosophie*, 2005.

V. 規範性：「『法の規範性』の社会学的基礎づけ」（『法学新報』第一一一巻七／八号、二〇〇五年）。

なお、文中のラテン語については、基本的に柴田光蔵『法律ラテン語格言辞典』（玄文社、一九八五年）他に依っている。

社会学に転向した著者が、なおも「法」にこだわりつづけたのは、法学部時代の指導教授川村泰啓先生から受けた学問的衝撃による。先生は、民法典を『商品交換法の体系』（勁草書房刊）として再定式化しておられた。それから四半世紀を経たいま、この論考をもって、その『体系』の「序論」に対する返信としたい。なお出版にあたり、ミネルヴァ書房の浅井久仁人、戸田隆之の両氏にお世話になった。

二〇〇七年八月二三日

土方　透

索　　引

ア　行

カ　行

サ　行

タ　行

ナ　行

ハ　行

〔著者紹介〕

土方《ひじかた》　透《とおる》

1956年　生まれ

中央大学法学部法律学科卒業

同大学院文学研究科社会学博士課程修了　社会学博士

ハノーファー哲学研究所客員教授（1993-95年）

ヴュルツブルク大学哲学部社会学講座客員教授（2000-01年）

現在，聖学院大学政治経済学部教授

著　書　*Das positives Recht als soziales Phänomen*, Duncker & Humblot 2013.

編著書　『ルーマン／来るべき知』（勁草書房）1990年

『リスク――制御のパラドクス』（アルミン・ナセヒと共編著）（新泉社）2002年

『宗教システム／政治システム――正統性のパラドクス』（新泉社）2004年

『現代社会におけるポスト合理性の問題――マックス・ヴェーバーの遺したもの』（聖学院大学出版会）2012年

Riskante Strategien: Beiträge zur Soziologie des Risikos (Hrsg. mit A. Nassehi), Westdeutscher Verlag 1997 他。

訳　書　ルーマン『法システムと法解釈学』（日本評論社）

ルーマン『法の社会学的観察』（ミネルヴァ書房）

監訳書　トイプナー（編）『ルーマン　法と正義のパラドクス――12頭目のラクダの返還をめぐって』（ミネルヴァ書房）

ベッカー（編）『システム理論入門――ニクラス・ルーマン講義録１』（新泉社）

ベッカー（編）『社会理論入門――ニクラス・ルーマン講義録２』（新泉社）

トイプナー（編）『デリダ，ルーマン後の正義論――正義の社会理論は〈不〉可能か？』（新泉社）

共訳書　ルーマン『信頼』（未來社），『宗教論』（法政大学出版局），『ルーマン，学問と自身を語る』（新泉社），『自己言及性について』（国文社），トイプナー『オートポイエーシス・システムとしての法』（未來社），エスポジト他『GLU――ルーマン・システム理論用語集』（国文社）他。

叢書　現代社会のフロンティア⑧
法という現象
——実定法の社会学的解明——

2007年9月20日　初版第1刷発行　〈検印省略〉
2014年3月20日　初版第3刷発行

定価はカバーに
表示しています

著　者　土　方　　透
発行者　杉　田　啓　三
印刷者　中　村　知　史

発行所　株式会社　ミネルヴァ書房
607-8494　京都市山科区日ノ岡堤谷町1
電話 075-581-5191／振替 01020-0-8076

中村印刷・新生製本

ISBN978-4-623-04899-1
Printed in Japan